Ullstein Krimi

Ullstein Krimi
Lektorat: Georg Schmidt
Ullstein Buch Nr. 10442
im Verlag Ullstein GmbH,
Frankfurt/M – Berlin

Übersetzt von Gabriele Kunstmann
und Achim Seiffarth

Copyright © 1986 by
Davis Publications, Inc.
für Alfred Hitchcock's
Mystery Magazine
Umschlaggestaltung & Fotorealisation:
Welfhard Kraiker & Karin Szekessy
Alle Rechte vorbehalten
Übersetzung © by
Verlag Ullstein GmbH,
Frankfurt/M – Berlin
Printed in Germany 1987
Gesamtherstellung:
Ebner Ulm
ISBN 3 548 10442 8

April 1987

CIP-Kurztitelaufnahme
der Deutschen Bibliothek

Alfred Hitchcocks Kriminalmagazin. –
Dt. Erstausg. – Frankfurt/M; Berlin:
Ullstein
  Einheitssacht.: Alfred Hitchcock's
  mystery magazine ‹dt.›
  Teilw. mit d. Erscheinungsorten
  Frankfurt/M, Berlin, Wien

NE: Hitchcock, Alfred [Hrsg.]; EST

Bd. 194. – Neue Kriminalstories mit Pfiff
und Pointe / hrsg. von Wolfgang Proll.
[Übers. von Gabriele Kunstmann u.
Achim Seiffarth]. – 1987
  (Ullstein-Buch; Nr. 10442:
  Ullstein-Krimi)
  ISBN 3-548-10442-8

NE: Proll, Wolfgang [Hrsg.]; GT

Alfred Hitchcocks
Kriminalmagazin

Band 194

Neue Kriminalstories mit Pfiff und Pointe

Herausgegeben von Wolfgang Proll

Ullstein Krimi

Inhalt

LESERGESCHICHTE DES MONATS
Hans-Peter Ott
7 *Der Augenzeuge*

Jas R. Petrin
10 *Frühlingsgefühle*

Doug Allyn
32 *Der Tümpeltaucher*

Lawrence Doorley
61 *Wie legt man eine Femme fatale herein?*

John F. Suter
85 *Schädel, Stein und Eisen bricht*

Joseph Hansen
104 *Hauptgewinn: Ein Grab*

Jeffry Scott
139 *Rettung aus Eifersucht*

DIE LESER-GESCHICHTE DES MONATS

Hans-Peter Ott

Der Augenzeuge

Zwanzig vor neun. Schwach schimmerten die Leuchtziffern von Hellmanns alter Armbanduhr in der Dunkelheit.

Endlich! Es ging los.

Der kleine, untersetzte Mann stand in einer unbeleuchteten Toreinfahrt. Er trug eine Fliegerjacke und Lederstiefel.

Mehr konnte Hellmann noch nicht erkennen.

Es war Nacht.

Umständlich holte der Mann jetzt eine zerknitterte Zigarettenschachtel aus seiner Jackentasche. Ein Streichholz flammte auf.

Auf der gegenüberliegenden Straßenseite sammelte ein Betrunkener Autoantennen. Wenn er eine entdeckt hatte, schwankte er darauf zu, brach sie ab und ließ sie durch die Luft zischen. Er lachte dabei. Den Mann in der Toreinfahrt bemerkte er nicht.

Der stand immer noch in der dunklen Einfahrt und blickte auf die nächtliche Straße. Mit jaulendem Keilriemen fuhr ein Wagen auf dem nassen Pflaster vorbei. Starr sah die Fahrerin auf die schmale, durch die parkenden Autos verengte Fahrbahn. Der Mann in der Fliegerjacke schaute ihr nach.

Hellmann hörte, wie der Mann hustete.

Der Betrunkene war verschwunden.

Nun trat der kleine Mann auf den asphaltierten Bürgersteig und ließ den Zigarettenstummel fallen. Funken sprühten. Langsam setzte er sich in Bewegung. Er bog um die Straßenecke.

Eine hellerleuchtete Hauptstraße.

Jetzt telefonierte der plötzlich. Mit der Polizei. Also, ungefähr Anfang zwanzig war der Mann. Sagte denen, er sei heute nacht endlich das erste Mal dabei. Bei den Skinheads. Gab leise irgendwelche Namen durch.

Hellmann hatte trotzdem alles genau mitbekommen. Trotz der fünf Flaschen Bier, die er vorhin leergemacht hatte. Hellmann rülpste leise.

Jetzt sah Hellmann die drei jungen Ausländer auf einer Bank sitzen. An einer Bushaltestelle.

Türken vermutlich.

Der Mann, der gerade noch telefoniert hatte, trat auf sie zu. Sie unterbrachen sofort ihr Gespräch.

Deutlich konnte Hellmann die Gesichter mit den dunklen Schnurrbärten erkennen.

Der Mann in der Fliegerjacke studierte den Fahrplan.

Jetzt lachten die Türken über irgend etwas.

Gemächlich drehte der Deutsche sich um, spuckte auf den schwarzen Asphalt und blickte den an, der ihm am nächsten saß.

»He, kann mir einer von euch Kanaken sagen, ob hier heute noch ein Bus fährt.«

Was sollte das denn? Hellmann schaute aufmerksamer zu.

Niemand sagte etwas. Man hörte auch keinen Verkehrslärm mehr.

»Ihr könnt wohl kein Deutsch, was? Ihr verdammten Knoblauchfresser.«

Junge, Junge. Hellmann wurde unruhig.

Der Deutsche grinste und ging auf den ersten Türken zu.

Der Ausländer stand schnell auf.

»Halten Sie den Mund und lassen sie uns in Ruhe«, sagte der junge Türke leise.

Der Deutsche schlug voll zu. Ins Gesicht.

Hellmann erschrak.

Dann rannte der kleine Dicke los. Die Türken verfolgten ihn sofort. Alle drei. Der Deutsche rannte in eine Nebenstraße und blickte im Laufen zurück.

Zwanzig Meter Vorsprung, schätzte Hellmann.

Wirbelnde Lederstiefel. Lautes Keuchen.

Aber der wurde ja immer langsamer!

Scheiße.

Die Türken kamen immer näher.

Abrupt bog der Deutsche in einen engen Durchlaß zwischen zwei Häusern ein, prallte mit der Schulter gegen eine Wand und war im Hinterhof. Eine riesige Backsteinmauer. Genau vor ihm.

Das konnte der Junge doch einfach nicht mehr schaffen.

Schweratmend blieb der Mann nun stehen und drehte sich um.

Aus.

Kahlgeschorene Schädel. Plötzlich. Von allen Seiten.

Der erste Türke stürzte über ein ausgestrecktes Bein. Sofort waren zwei Glatzköpfe über ihm und schlugen auf ihn ein.

Fäuste. Schwarzes Pflaster. Tätowierte Unterarme.

Die zwei anderen Türken wurden nun einfach zu Boden gerissen. Blut spritzte von irgendwoher.
Dunkelheit.
Schwarze Stiefel. Schimmernde, schwitzende Glatzen.
Die rechneten richtig ab.
Als die Ausländer sich nicht mehr rührten, nahm einer eine Farbdose und sprühte jedem Türken lachend ein Hakenkreuz auf den Rücken.
Dann rannten sie davon.
Sieg Heil, murmelte Hellmann, riß sich vom flackernden Bildschirm los und humpelte hastig zur Toilette.
Erst mal pinkeln.
Menschenskind, die hatten ja heute noch genausoviel Dampf drauf wie er.
Damals.

Jas. R. Petrin

Frühlingsgefühle

Er hielt den Ball konzentriert in der Hand, seine Fingerspitzen gruben sich tief in die Steppnähte ein. Ein Windstoß zerrte plötzlich an seiner Kappe, blies warm über die Haare an den Armen und riß an seiner Hose. An windigen Tagen war es schwer, den Ball zu werfen.

Aber der Wind hatte den Sommer früh nach Maple Siding gebracht. Er blies tagelang stetig aus Südwest, trieb alte Zeitungen die Straße entlang und jagte leere Mülltonnen staubbedeckte Wege hinunter. Nachts saugte er mit einem heißen, trockenen Atem an den Dächern, als wolle er in die Häuser eindringen. Und Joeys Großmutter sagte, daß der Wind Unglück brächte.

Den Atem des Teufels, nannte sie ihn. »Als der Wind das letzte Mal so blies, kletterte Mr. Kelly, der Musiklehrer, in die Badewanne, schnitt sich die Pulsadern mit einer Rasierklinge auf und starb – oh, er war *so* ein sauberer Mann.«

Für Joey und seine Freunde bedeutete die unerwartete Sommerwärme eine früh beginnende Baseballsaison. Der warme Wind taute die versteckten, im Schatten liegenden Eisflächen auf und sog die Feuchtigkeit aus dem Gras auf. Er lockte die Baseballspieler, die mit Schlägern und Fanghandschuhen bewaffnet waren, auf die Straßen und trieb sie auf Krygers unbebautes Grundstück, sobald die abgefallenen Blätter des letzten Jahres unter dem geschmolzenen Schnee sichtbar wurden.

Jetzt kämpfte Joey gegen den Wunsch an, sich hinzuhocken und seine Finger mit dem Staub von Krygers Grundstück zu bestreuen, aber er wollte den Ball nicht in der behandschuhten Hand halten. Aus einem zusammengekniffenen Augenwinkel heraus konnte er links von sich Herm Brown sehen, der langsam vom ersten zum zweiten Mal ging und Joey dabei neckte. Direkt hinter ihm, und außer Sicht, mußte Herms Bruder Terry 1,50 Meter hinter dem zweiten Mal in einer kauernden Stellung warten. Und wie immer stand der übellaunige Bill am dritten Mal, die Hände gegen die Hüften gestemmt, die Beine weit gespreizt und ungeduldig darauf wartend, daß er seinen sicheren Schlag vorführen konnte.

Tolston Whitley war der nächste Schläger.

Whitley hatte, soweit sich irgend jemand erinnern konnte, noch niemals einen Schlagfehler gemacht.

Joey versuchte gewöhnlich, Whitley mit einem Ball, der im Aus landete, auszutricksen. Aber nicht dieses Mal. Diesmal wollte er den Ball direkt gegen Whitleys Weichteile knallen. Er würde damit durchkommen. Die anderen würden zu ihm halten – sogar eine Hälfte der Jungen aus Whitleys eigener Mannschaft. Jeder haßte Tolston Whitley.

Joey fing an, sich langsam zu drehen, angespannt und niederträchtig, dann schnellte er wie eine Feder hoch und schleuderte den Ball direkt in Richtung auf Whitleys Magen.

Schnell wie eine Katze, trat Whitley grinsend zurück und schlug den Ball hoch und genau in das linke Feld.

Gebrüll und Geschrei setze ein. Die Läufer rannten los. Joey stand vor Wut und Verzweiflung benommen da. »Lauft, lauft!«

Die Läufer zerstampften die warme Frühlingserde zu Staub.

»Lauft!«

Dann änderte sich etwas. Die Schreie hörten sich auf einmal ängstlich an. Die Läufer schienen zu zögern, dann wechselten sie die Richtung und liefen wie verschreckte Hühner davon.

»Lauft!«

Und sie rannten.

Joey beobachtete sie verständnislos. Bill, der schon fast sechzehn war und vor nichts Angst hatte, änderte die Richtung und rannte, so schnell er konnte, hinter den anderen schreienden Kindern her. Joey drehte sich langsam um und schaute auf das rechte Feld. Vor Schreck fuhr er zusammen. Keine sechzig Meter von ihm entfernt, und schnell näherkommend, sah er den alten Kryger laufen. Der war so rot wie Rhabarber, schwitzte, atmete schwer und erreichte Joey fast, der schnell zur Seite sprang.

Kryger mußte die Richtung ändern. Seine haarige Hand hätte Joey fast gepackt. Joey rannte auf Masons Laden zu, der ihm in sechzig Meter Entfernung Sicherheit bot – Masons Hauswand, Masons Dachrinne, Masons wunderbar sicheres Dach. Es waren noch drei Schritte, dann schmiß er den Handschuh und den Schläger hinauf, hielt sich mit der rechten Hand an der Dachrinne fest, hing dort, nahm Schwung, sprang – und oben war er. Kryger schimpfte unter ihm los, sein Brustkorb hob und senkte sich wie ein Dampfer bei schwerer See.

». . . kleine Affen auf meinem Eigentum . . . bla-bla . . . stecke euch den Baseball in den Rachen . . . bla-bla . . . ich werde euch so verprügeln, daß . . . bla-bla.«

Er hämmerte gegen die Dachrinne. »Ich kenne dich, dich neunmalkluges Kerlchen!«

Das war eine der Beschimpfungen, die Kryger jedesmal losließ. Er hatte zwei oder drei unterschiedliche Versionen, und Joey kannte sie alle nur zu gut.

Joey klammerte sich an Masons Schornstein fest, schnappte nach Luft und atmete den Wind und den roten Staub der Dachziegel ein. Kryger schlich unten wie ein Bär herum, brummte vor sich hin und riß an der Dachrinne.

Dann kam von unten plötzlich ein Schmerzensschrei.

Ein neuer Ausbruch von Flüchen folgte. Hastige, Kies aufwirbelnde Schritte: Kryger ging weg und zog sich auf seinen Schrottplatz zurück.

Joey kniete sich hin und rutschte auf Ellenbogen bis an den Dachrand, dann schaute er hinunter. Kryger war weg. Prima. Er hatte sich selbst an einem kaputten Stück der Dachrinne verletzt. An der Dachrinne klebte feuchtes, schwarzes Blut, und auf dem Kies sah man lauter Blutflecken. Es sah so aus, als ob dort jemand Tinte verspritzt hätte.

Joey packte seinen Handschuh, rutschte die Dachrinne hinunter und machte sich auf den Weg nach Hause. Plötzlich blieb er stehen. Wo war sein Ball? Er hatte hier gelegen – genau hier – an dieser Stelle. Aber jetzt sah er nur die Abdrücke seiner eigenen Sportschuhe.

Kryger hatte seinen Ball gestohlen.

Er lief nach Hause, sein Magen knurrte. Er fand einen Stein, den er vor sich her über den Bürgersteig schießen konnte. Jim Slater tauchte aus einem Eingang auf und lief neben ihm her.

»Das war das erste Spiel der Saison, aber Kryger mußte uns natürlich davonjagen.«

»Ja, und er hat auch meinen Ball gestohlen.«

»Ich habe es gesehen. Er hob ihn auf und schmiß ihn über den Zaun auf den Schrottplatz.«

»Dieser blöde Kerl«, schimpfte Joey bitter. »Er könnte uns nichts anhaben, wenn wir ein ordentliches Spielfeld hätten, so wie es jeder andere Ort in der Gegend hat.«

»Laß es uns ihm heimzahlen. Laß uns die Bullen anrufen – wir können ihnen erzählen, daß sein Hof voller gestohlener Wagen ist.«

»Willst du mich auf den Arm nehmen? Die würden uns überhaupt nicht zuhören. Die würden hören, daß ein Kind am Telefon ist, und sofort auflegen. Dann würden sie fortfahren, ihre Gefangenen zu foltern oder so etwas.«

»Glaubst du wirklich, daß sie Gefangene foltern?«
»Glaubst du es nicht?«
»Es ist doof, in dieser Stadt ein Kind zu sein.«
»Da hast du recht – sie hassen uns.«

Jim bog in die Straße ein, in der er wohnte, und blickte sich noch einmal um. »Spielen wir morgen wieder? Nur du und ich?«

»Sicher. Wenn ich die Zeitungen ausgetragen habe.«

Joey schoß seinen Stein weg und verfehlte knapp eine vom Wind aufgeplusterte Katze.

Er dachte darüber nach, wie er eines Tages alle Sachen in Maple Siding in Ordnung bringen würde. Er würde Bürgermeister werden und Wohltäter des Amateur-Baseballs. Kryger würde er dann schon von dem unbebauten Grundstück vertreiben, der würde auch von dem Schrottplatz verjagt. Dann wäre dort genug Platz für ein Baseballstadion, mit Tribünen für tausend, zehntausend, fünfzigtausend jubelnde Kinder. Er würde der Architekt sein, der Vorarbeiter, der Kranführer, der Bürgermeister, alles gleichzeitig. Ja. Er konnte es sich ganz genau vorstellen. Sie würden Joey Parker ein Denkmal errichten, wenn er starb, direkt neben dem Stadioneingang, ein dreißig Meter hohes Denkmal ohne Tauben...

Aber zuerst würde er der beste Werfer werden, den es in der Profiliga je gab.

Allison Davies lief die breite, nach feuchtem Holz riechende Vorderveranda ihres Elternhauses am Rougemont Drive hinunter und winkte dem kleinen Joey Parker zu, der auf der anderen Straßenseite träumerisch nach Hause trottete und einen Stein vor sich herkickte. Sie rief ihm zu, daß er sich beeilen solle. Früher war sie Joeys Babysitter gewesen, und sie wußte, daß Mr. Parker ein Mann war, der es nicht mochte, wenn jemand zu spät kam.

Sie ging den Rougemont Drive entlang zur Brücke – und zu Tom Barrett. Sie entschloß sich, ihre Ankunft dort noch etwas zu verzögern, so daß er etwas warten mußte: nicht soviel, daß er auf sie sauer war, sondern gerade lange genug, um das dankbare Glühen in seinen Augen hervorzurufen, wenn er sie sah. Mit einem Blick auf ihre Armbanduhr stellte sie fest, daß es zwanzig nach acht war. Sie würde noch drei Blocks weiter in den Ort hineingehen, an der Bibliothek abbiegen und dann über die Schienen hinunter zur Brücke gehen.

Der Wind schien genauso ungeduldig zu sein wie sie. Er schob sie wie ein Freund vorwärts.

Sie war glücklich, sie war sich ihrer Jugend bewußt und ihrer neuen, weiß und gelb gemusterten Frühlingsjacke und der dazu passenden Sportschuhe. Auch hatte sie die Art bemerkt, in der die Männer sie beobachteten, wenn sie vorbeiging. Fremde starrten sie frech an, und Männer, die sie kannten, ließen verstohlen ihre Augen über sie gleiten. In der Luft hing ein schwerer Frühlingsgeruch, und der Wind brachte ihr den Blütenstaub von tausend blühenden Feldern wie einen Blumenstrauß. Sie dachte, daß es gut – sehr gut – sei, siebzehn und unterwegs zu sein, um einen jungen Mann am Rand der Stadt zu treffen.

Sie kam am Lebensmittelladen vorbei. Mr. Johnston hockte gelangweilt wie ein Sack in seinem Wagen und wartete darauf, daß ihm seine Frau das Abendessen in einer Plastiktüte vorbeibrachte. Zwei dünne Damen, die durch den Wind aufgeplustert wurden, schrien sich laut etwas zu und hielten ihre Hüte und aufgeblähten Kleider fest. Mr. Johnstons Augen folgten Allison. Sie bewegte für ihn die Hüften und folgte ihrem Schatten auf der Straße. Und der Wind trieb sie mit dem Staub und dem Bonbonpapier vor sich her.

Sie überquerte die Sturgis Road, Elm Street, Ash Street und bog an der Bibliothek ab, die mit all ihren einsamen Büchern ganz verlassen war. Hier begannen die Schienen ihren langen, gewundenen Weg zum Bahnhof von Maple Siding. Sie ging die Gleise entlang und versuchte, immer auf jede zweite Schwelle zu treten.

Sie sprang über einen Teerfleck, der vielleicht ihre neuen Schuhe verdorben hätte.

Es wurde jetzt dunkler, aber der Wind war noch nicht kühler. Die Schatten streckten sich jetzt rötlich auf der Erde und sahen wie gemalt aus. Der dunkler werdende Himmel glühte gelb über den schwankenden, dunkelgrünen Bäumen. Allisons dünne Jacke wehte wie ein Schleier in den Windböen. Auf einmal roch es nach heißem Sand und Schmieröl, und ein losgetretener Stein fiel gegen rostenden Stahl.

Eine vollkommen neue Atmosphäre umgab sie: die Geräusche von quakenden Fröschen und Insekten, der starke, überwältigende Geruch nach Kaulquappen, Wasserflöhen, Fäulnis und Verwesung. Der Wind riß ihr den Atem vom Mund weg und peitschte über das öde Gras.

»Verdammt.«

Sie war aus Versehen in den Schlamm getreten. Jetzt war einer der schönen, neuen Sportschuhe mit Schlamm bespritzt.

»Allison, du bist eine Närrin«, sagte sie zu sich selbst. »Konntest du nicht auf dem Bürgersteig bleiben wie jeder vernünftige Mensch?« Aber jetzt konnte sie es nicht mehr ändern, sie konnte nicht mehr zurückgehen und einen anderen Weg wählen. Sie wollte nicht, daß Tom sich über sie ärgerte.

Sie eilte weiter, nur um einen Augenblick später bestürzt stehenzubleiben. Vor ihr erstreckte sich über fünfzehn Meter ein Haufen öliger Schlamm und Asche zwischen den Gleisen.

»Oh, verdammt noch mal!«

Nun mußte sie auf jeden Fall zurückgehen, den ganzen Weg bis zur Rougemont Kreuzung. Im Geiste sah sie Tom, wie er von der Brücke fortging, weil er dachte, daß sie ihn versetzt hätte.

Aber . . .

Versteckt hinter dem Graben bildeten Reifenspuren einen Weg, es waren die Fahrradspuren vom letzten Jahr. Sie kannte den Weg. Noch vor einigen Jahren war sie dort selbst immer entlanggefahren. Der Weg führte durch das Gebüsch an die Rückseite von Krygers Schrottplatz, lief dort eine Zeitlang am Zaun entlang und führte dann bei Masons Laden auf das unbebaute Grundstück.

Aber man konnte kaum noch etwas sehen, der Weg war mit Gebüsch überwachsen und so früh im Jahr sicherlich ganz schlammig . . .

Der Wind nahm ihr die Entscheidung ab, er drängte sie wie eine helfende Hand auf den Weg.

Der Weg war tatsächlich am Anfang schlammig, aber nur ungefähr einen Meter lang. Sie preßte die Lippen zusammen und stapfte durch den Schlamm. Ihre Schuhe waren jetzt total verdorben, schlimmer konnte es nicht mehr werden. »Was wird Tom sagen«, fragte sie sich selbst, »daß ich zwanzig Minuten zu spät komme und total verdreckt bin? Er wird sich schämen, mit mir gesehen zu werden.«

Erschrocken stellte sie fest, wie schnell es dunkel wurde. Sie beeilte sich, und der Wind strich durch die Bäume, und die abgefallenen Blätter vom letzten Jahr raschelten auf dem Weg. Weit weg und nur leise hörte sie die gleichmäßigen Geräusche der Maschinen in der Margarine-Fabrik, die anschwollen und wieder leiser wurden, anschwollen und wieder leiser wurden.

Die Reifenspuren zeigten ihr den Weg, und die Baumwipfel über ihr bewegten sich hin und her.

Und irgendwo knackte ein brechender Zweig so laut wie ein Peitschenknall.

Sie blieb stehen.

Der Schatten... dort auf dem Weg... Ihr lief es eiskalt den Rücken herunter. Dort stand ganz sicher jemand. Er wartete, wartete... jemand wartete dort ganz leise und ruhig...

»Sei kein Idiot!«

Sie zwang sich, weiterzugehen. Der Weg unter ihr fiel etwas ab, und sie wußte, daß sie in einer Minute aus dem Gebüsch heraus sein würde.

Dann rief hinter ihr jemand:

»Hey!«

Sie wäre fast vor Angst in Ohnmacht gefallen.

Ängstlich drehte sie sich um. Die Angst saß ihr im Nacken. Dort stand ein Mann auf dem Weg und beobachtete sie. Dann war sie ganz plötzlich erleichtert und drückte eine Hand gegen ihre Brust.

»Ach, Sie sind es nur«, lachte sie mit einer Stimme, die immer noch unter Spannung stand. »Einen Augenblick dachte ich – ich weiß nicht, was ich dachte.« Sie lachte wieder. »Sie hätten mich fast zu Tode erschreckt.«

Er kam näher und grinste dumm. Er schien sich auch ein wenig zu fürchten. Irgendwas war mit seiner Hand... Er sagte: »Miss Davies –«, dann blieb er still. Vielleicht hatte der Wind seine Worte fortgetragen. Er hielt ihren Arm fest, zuerst nur schwach, als ob er ihr helfen wollte; dann grub er plötzlich seine Finger mit überraschender Kraft in ihren Arm.

Er fing an, sie in das Unterholz zu ziehen.

Allison Davies war so geschockt und überrascht, daß sie nicht einmal schreien konnte.

Eine Meile entfernt polterte Joey Parker die Treppe zu seinem Zimmer hinauf. »Du bist zu spät gekommen!« hatten sie ihm verkündet. »Also bekommst du kein Abendessen!«

Er wollte gerade anfangen, seine Verspätung zu erklären, als ihn sein Vater unterbrach. »Auf Privateigentum hast du nichts zu suchen. Das habe ich dir wieder und wieder gesagt. Die Stadt wird für euch Kinder einen Sportplatz bauen, aber ihr müßt geduldig sein. Es ist wie bei einem Spiel. Jeder möchte einmal an die Reihe kommen, aber man muß auf seine Chance warten.«

Joey ließ sich auf sein Wasserbett hinunterplumpsen, so daß es zu schaukeln anfing. Er zog seine Schreibtischschublade auf und holte eine Tafel Schokolade heraus, die er dort für solche Notfälle aufbewahrte. Er kaute langsam und versuchte, seine Beherrschung wiederzufinden. Selbstkontrolle, sagte er zu sich selbst, ist Voraussetzung für einen guten Baseballspieler.

Sein Zimmer half ihm, sich wieder zu beruhigen.

Auf dem Schreibtisch stand ein Pokal, den er letztes Jahr als Werfer des Baseball-Schulteams gewonnen hatte. Andere Pokale, große und kleine, standen oben auf seinem Kleiderschrank. Schläger, Bälle und Handschuhe stapelten sich in einer Ecke. Und auf allen Seiten waren die Wände mit einem Mosaik aus Baseball-Eintrittskarten, Zeitungsausschnitten und Postern vollgeklebt, die ihn warm umhüllten.

Dort war Mantle, der beste Schläger; er starrte über eine Schulter zurück, als hätte ihn der Fotograf gerade überrascht; hier war Babe Ruth, der mit hochgerecktem Kinn verblüfft lächelte; und Willy May lächelte breit von einem vergilbten Zeitungsausschnitt. Um diese Legenden herum klebten die Poster von einem Haufen jüngerer Spieler, die in leuchtenden Farben und angestrengten Posen breit lächelnd auf ihn hinabblickten.

Joey schmiß den Bettüberwurf zur Seite und machte das Licht aus. Der Wind rüttelte an seinem Fenster und zog ihn magisch an, und er schaute hinaus. Er konnte genau die Schienen sehen und ihnen mit den Augen den ganzen Weg bis zum Schrottplatz folgen, wo ein einsames Licht wie eine Totenkerze in der Dunkelheit brannte.

Dort hinten bei dem Licht war Kryger und zählte gestohlene Baseball-Bälle...

Joey dachte nicht mehr darüber nach, sondern handelte.

Er stieg aus dem Fenster und kletterte auf die Veranda herunter. Dann rannte er los, und die schwarze Erde stob unter seinen Füßen auf.

Der Wind zerzauste sein Haar. Der Wind brauste. Der Wind schob ein graues Wolkenband vor einen aufmerksamen Mond und fegte über Joey hinweg, er beugte die Bäume wie Lilien und trieb Joey vor sich her, die schimmernden Stahlgleise entlang.

An dem Fahrradweg zögerte er keinen Moment, sondern stürzte sich in die noch tiefere Dunkelheit, ohne daß er einmal danebentrat. Sein Gedächtnis führte ihn sicher durch das Gebüsch, die Chorgesänge der Frösche und die wispernden Bäume begleiteten ihn.

Vielleicht hörte er einmal etwas durch den Wind, eine Stimme oder das Ächzen des Baumes; aber er lief weiter, er hatte sein Ziel vor Augen. Plötzlich stolperte er über ein kleines Ding, irgend etwas Loses, und er hob es auf. Ein Sportschuh. Er warf ihn weg.

Das Tor zu Krygers Schrottplatz war offen.

Das hatte er nicht erwartet.

Es bewegte sich in seinen Angeln, es wurde vom Wind hin- und hergeschlagen.

Joey wartete. Er versteckte sich und beobachtete die Nacht mit dem sicheren Instinkt eines Jungen für Gefahr. Nichts passierte. Nur der Wind blies beständig und kräftig.

Joey schlüpfte auf den Schrottplatz.

Es war in einer dunklen, bewölkten Nacht ein bizarrer Platz: seltsam, wundervoll, ein Durcheinander von Blech und Eisen in wilden, kühnen Zusammenstellungen. Es sah aus, als hätte ein verrückter Bildhauer aus einem Alptraum diesen unwirklichen Platz geschaffen. In der Dunkelheit waren nur wenige Umrisse genau zu erkennen.

Aber den Ball fand er leicht. Er lag auf der Erde und fing das Mondlicht ein. Joey schmiß den Ball nach draußen in Richtung auf Masons Laden. Jetzt, sagte er zu sich selbst, konnte er den Ball am nächsten Morgen holen, falls das Schlimmste passierte.

Und das Schlimmste passierte tatsächlich.

Das Tor schlug krachend zu.

Er konnte das Tor von hier aus nicht sehen. Aber es gab keinen Zweifel darüber, das Rasseln der Kette bedeutete, daß ein großes Schloß das Tor sicherte.

Sein Instinkt trieb ihn dazu, sich zu verstecken. Er setzte seine widerspenstigen Füße in Bewegung, klammerte sich an einem Wagen fest, kletterte an der Rückseite eines alten Lastwagens hoch und stieg auf das Dach eines alten Busses.

Dort legte er sich flach hin und wartete darauf, umgebracht zu werden.

Krygers schwere Hände zitterten vor Schmerzen wegen der Kratzer. Er wischte den Schweiß in seinem Gesicht mit den Haaren seines Arms ab.

Zweimal war er den Weg bis zur Brücke gegangen, und er hatte nichts gefunden. Aber der Schuh fehlte, als er die Leiche in der Nähe der Brücke in den Bach geworfen hatte. Ruhig, ganz ruhig hatte er es getan, um nicht den einsamen, wartenden Jungen zu alarmieren, der am Brückengeländer lehnte und seufzend über die flachen Felder starrte.

Die Leiche war einfach ins Wasser gerutscht. Aber der fehlende Schuh machte ihm jetzt Sorgen. Verzweifelt hatte er den Schrottplatz abgesucht, er hatte vom Tor bis zur Fahrerkabine des alten Lastwagens gesucht. In der Fahrerkabine hatte er die versteckten Plätze wohl ein Dutzend Mal abgetastet, aber er hatte ihn nicht gefunden.

Er hatte ihn nicht gefunden.

Kryger sank auf einen rostigen Holm des ausgeschlachteten Lieferwagens und zog seine verdreckten Knie an. Der Wind wurde plötzlich schwächer, und eine Mücke erschien, setze sich auf sein Ohr und wollte Blut saugen. Er schlug heftig um sich. Er mußte nachdenken.

Was war das Schlimmste, das passieren konnte?

Daß der fehlende Schuh hier irgendwo auf seinem Grundstück gefunden wurde.

Er schüttelte über seinen angezogenen Knien langsam den Kopf. Warum hatte er bloß ein Mädchen hier aus dem Ort überfallen? Er hatte sich immer geschworen, daß er das nie tun würde. Und außerdem war sie so dünn. Er hätte einfach in die Stadt fahren und sich eine unter den Tausenden dickeren Mädchen aussuchen sollen. Dann hätte er sie auf einer seiner kleinen Landpartien hierhin mitnehmen und die Leiche hier verstecken können, genau wie die anderen. Er hätte sie seiner Sammlung hinzufügen können.

Sie waren alle hier bei ihm, Krygers Mädchen.

Kay, die runde Blonde, die gesungen hatte, während sie einen pummeligen Arm aus dem Fenster seines Lastwagens hinaushielt. Er hatte sie in den Kofferraum des ausgeschlachteten Dodge gesteckt. Und Liz – sie hatte darauf bestanden, Elizabeth genannt zu werden; sie hatte eben ihren eigenen Stil. Er hatte sie im Motorraum eines Cadillac versteckt. Und dann war da natürlich noch sein besonderer Liebling, die kleine Rosa, deren Silberreifen gegen ihre olivfarbene Haut schlugen. Sie verdiente einen Ferrari, aber er mußte sie in einem kaputten Fiat verstecken.

Aber es hatte keinen Sinn, darüber nachzugrübeln.

Morgen mußte er als erstes den Schlüssel für das Tor an der Rückseite des Schrottplatzes loswerden. Was nachts draußen, hinter seinem Zaun, in dem Gebiet der Frösche und Insekten passierte, ging ihn nichts an. Wenn er den Schlüssel für das Schloß nicht mehr hatte, konnte er sagen, daß er den Ausgang nie benutzte. Er konnte behaupten, daß er den Schlüssel schon seit Monaten nicht mehr gesehen hatte und sich nicht einmal mehr daran erinnern konnte, wann und wo er ihn zuletzt gesehen hatte.

Er fühlte sich jetzt besser, nachdem er sich die Geschichte mit dem Schlüssel ausgedacht hatte, auch wenn sie nicht ganz überzeugend war. Bei Sonnenaufgang würde er sein Grundstück Zentimeter für Zentimeter absuchen. Falls der Schuh hier war, würde er ihn finden und vernichten.

Er hoffte, daß er ihn finden würde. Der Schuh würde sonst vielleicht irgendwie zu ihm führen. Er schaute auf seine Kratzer. Er hatte geblutet. Vielleicht sollte er in der Stadt bleiben, bis sich wieder alles beruhigt hatte. Vielleicht sollte er sich in der Stadt zur Ruhe setzen. Dann könnte er wegen der Mädchen hier herauskommen und sie zu einem Stadtbummel mitnehmen. Sheriff Coats junge Frau zum Beispiel... Oder die plumpe Mrs. Parker...

Mein Gott, das kleine Ding hatte sich vielleicht gewehrt. Er hätte nie geglaubt, daß ein nur hundert Pfund schweres Mädchen so kämpfen könnte.

Der Wind frischte wieder auf, aber er beachtete es nicht. Er saß dort draußen in der Nacht und ließ die Geschehnisse des Abends noch einmal wiederaufleben. Das Vergnügen und die Angst. Er schluchzte vor sich hin.

»Wir wollen hier keine Polizei haben«, sagte er in die Nacht hinein, »nicht hier, nicht hier...«

Joey lag lang ausgestreckt und zitternd auf dem Dach, während die Sterne durch die dahinjagenden Wolkenfetzen auf ihn niederschienen. Unter sich hörte er das Schniefen, und verstand es nicht. Die Welt war einfach zu kompliziert für ihn, und wie er so breitbeinig oben auf dem Bus lag, weinte er im Geiste selbst und wünschte sich nichts sehnlicher, als in seinem Zimmer im Bett zu liegen.

Endlich hörte das rattenähnliche Schniefen unter ihm auf, und Schritte entfernten sich.

Joey kroch vor Angst auf die Erde zurück, wand sich unter dem Zaun hindurch, hob seinen Ball auf und lief gegen den starken Wind nach Hause.

Am nächsten Tag schlief er lange.
Es war fast zu spät für die Zeitungen.
Die meisten der anderen Zeitungsausträger hatten schon ihre gedruckte Last abgeholt und verließen die Verteilerstelle beim Drugstore. Nur Myrna Greene war noch da und packte ihre drei großen Bündel in eine Karre. Sie wirkte heute irgendwie anders als sonst: ängstlich vergnügt, eine Vorahnung, als wäre sie in ihrem Lieblingshorrorfilm und die beste Szene käme gleich.

Joeys Onkel Wilson hatte so ausgesehen, in der Nacht, in der er religiös wurde.

»Mord«, keuchte sie zufrieden und steckte das letzte Zeitungsbündel an seinen Platz.

»So?«

Man konnte nie sicher sein, ob Myrna Greene irgend etwas wußte.

»Interessiert dich nicht, heh?« Myrna Greene packte den Griff ihres Karrens und lächelte ihr nervöses, schmerzvolles, hoffnungsvolles Grinsen.

»In der Stadt passieren andauernd Morde«, sagte Joey.

Aber Myrna rumpelte mit ihrem Karren davon. Sie rief zurück: »Es war nicht in der Stadt, du Neunmalkluger, es ist direkt hier in Maple Siding passiert. – Liest du keine Zeitungen?«

Sie ging mit ihrer Last grinsend weg.

Joey zog von seinem obersten Stapel die Schutzhülle ab und hielt die Luft an. Die Überschrift war sieben Zentimeter hoch: MÄDCHEN AUS MAPLE SIDING BRUTAL ERWÜRGT. Er schluckte und setzte sich hin, um den Artikel zu lesen. Er keuchte. Allison Davies – seine frühere Babysitterin! Während er las, schüttelte er den Kopf. So etwas war, so lange er lebte, in Maple Siding noch nicht passiert, trotz Großmutters Geschichten.

Und in der Zeitung stand, daß der Leiche ein Schuh fehlte.

Er trug die Zeitungen, um die der Wind mit ihm kämpfte, schnell aus. Er wollte jetzt so rasch wie möglich mit Jim Slater reden.

Jim war groß und mager für sein Alter. Er hatte einen langen, federnden Schritt, den er eingeübt hatte – er hatte es Joey gegenüber zugegeben. Er sagte, daß Baseballspieler so über das Spielfeld gehen sollten: ruhig, federnd, mit einem lauernden Arm, der wie eine Schlange hervorschießen konnte.

»Laß uns zu Krygers Feld gehen«, sagte Jim, als die zwei sich trafen.

»Bist du verrückt?« Joey dachte an sein nächtliches Abenteuer. »Der Kerl ist irrsinnig, er heult im Dunkeln. Und außerdem wird er nach mir Ausschau halten, nach dem, was gestern passiert ist.«

»Unsinn«, Jim sprach mit Autorität. »Er ist nicht einmal hier im Ort. Ich sah, wie er heute morgen mit seinem Lieferwagen zum Highway fuhr. Wer weiß, wo der jetzt ist.«

»In welche Richtung ist er gefahren?«

»Nach Norden.«

Sie grinsten beide. Jedes Fahrzeug, das Maple Siding verließ und auf dem Highway in nördlicher Richtung fuhr, mußte zur Stadt fahren. Den Rest des Tages hatten sie Krygers Grundstück für sich.

»Aber zuerst«, sagte Joey, »muß ich noch etwas suchen.«

Nach kurzer Zeit fanden sie den Schuh.

Holzböcke fanden sie auch. Jim war etwas beunruhigt. »Wofür willst du dieses Ding überhaupt haben?«

»Es ist wertvoll«, sagte Joey, »als Beweis.«

Eine Stunde lang warfen sie sich auf Krygers Grundstück gegenseitig den Ball zu und kämpften dabei mit dem Wind, dann gingen sie weg, um Eis zu essen. Das war eine andere gute Sache an Krygers Grundstück: Masons Laden mit einem unerschöpflichen Vorrat an Softdrinks und Eis war ganz in der Nähe.

»Die Polizei hat den Barrett-Jungen verhaftet.« Joeys Vater raschelte mit der Zeitung über seinem Suppenteller. Er liebte es, die besten Artikel während des Abendessens laut vorzulesen, egal, ob die anderen sie schon gelesen hatten oder nicht.

»Seine arme Mutter«, sagte Mrs. Parker und reichte Großmutter ein Salatblatt und eine kleine Karotte. Die beiden machten immer Diät und wurden trotzdem immer schwerer.

»Seine Mutter hat ausgesagt, daß er an dem Abend erst nach Mitternacht nach Hause kam. Seine Entschuldigung dafür war, daß er an der Brücke über zwei Stunden auf das Davies-Mädchen wartete.« Mr. Parker blickte auf. »Das ist sehr unwahrscheinlich, nicht wahr? Ich bezweifle, daß ich zwei Stunden auf dich gewartet hätte – es ist einfach nicht logisch, so etwas zu tun.«

Er raschelte mit der Zeitung. »Hier steht, daß die Leiche übel zugerichtet ist... Arme, Hals, Beine – sie muß sich ganz schön gewehrt haben.«

»Das arme Ding«, sagte Mrs. Parker.

Großmutter lächelte über ihrem Salatblatt, als wäre es ein Festessen. »Der Wind brachte sie dorthin, trieb ihn dorthin, und warf sie gegeneinander. Mord«, sagte sie.

Joey sprang ohne Entschuldigung von seinem Stuhl auf, schnappte sich seinen Ball und seinen Handschuh und rannte nach draußen in die Sonne und den Wind und die Baseball-Welt.

»Paß auf«, erzählte er Jim, »es ist der gleiche Schuh. Er muß es sein. Es ist der Schuh, nach dem sie suchen.«

»Na und? Es ist der gleiche Schuh. Was soll das?«

»Ich weiß nicht. Aber vielleicht sollte ich es der Polizei erzählen. Sie suchen danach.«

»Den Bullen helfen? Du spinnst wohl?« Jim knallte den Ball so hart gegen seinen eigenen Handschuh, daß er vor Schmerz zusammenzuckte. »Warum willst du den blöden Bullen helfen? Sie sind ein Teil von – von *ihnen*.«

Er machte mit seiner Wurfhand eine beleidigende Bewegung, die alle Erwachsenen des Ortes einschloß.

Sie saßen mit angezogenen Knien am Zaun des Schulhofes. Ihre Hemden hatten sie ausgezogen, so daß der Zaun ein Muster in ihre Schultern prägte. Die Ulmen über ihnen brausten und wogten wie eine wilde, grüne Brandung.

»Hat einer von denen jemals etwas für uns getan?« fragte Jim. »Jeder Ort in einem Umkreis von fünfzig Meilen hat ein Baseballfeld für die Kinder, manche haben sogar eine Zuschauertribüne, ein Clubhaus oder Umkleidekabinen. Und wir haben nichts, überhaupt nichts. Wir dürfen nicht einmal hier auf dem Schulhof spielen, weil sie zu geizig sind, die Versicherung zu bezahlen. Und denen sollen wir helfen?«

Er spie weit und schleimig auf das Gras.

Es war natürlich alles wahr, aber Joey fühlte sich noch unschlüssig. »Allison Davies war früher meine Babysitterin.«

»Sicher. Aber jetzt ist sie tot. Und du kannst sie nicht wieder lebendig machen.«

»Es würde ihnen vielleicht helfen, den Mörder zu überführen.«

»Quatsch! Jeder könnte den Sportschuh dort hingeworfen haben. Vielleicht hat ihn jemand irgendwo anders aufgelesen. Irgendwo. Es würde nichts beweisen. Und außerdem haben sie Tom Barrett verhaftet. Du machst die Sache nur komplizierter. Sie würden es dir nicht danken.«

»Ich glaube, du hast recht.«

Joey zog langsam und beständig an einem langen Grashalm und versuchte, das süße, weiße Innere herauszupulen. Es kam quietschend heraus, und Joey steckte es in den Mund.

Auf dem Heimweg trieb er sich vor dem Rathaus und dem Gericht herum. Eine unbekannte Kraft hielt ihn dort fest. »Vielleicht sollte ich hineingehen«, sagte er sich selbst, »und ihnen von dem Schuh erzählen. Vielleicht sollte ich ihnen auch über Krygers seltsames Benehmen berichten, über sein Weinen in der dunklen Nacht, über seine Angst vor der Polizei...«

Ein Wagen hupte ihn aus dem Weg. Die hintere Tür öffnete sich, und Sheriff Coats stieg aus, Tom Barrett wurde an Handschellen herausgezogen. Tom Barretts Gesicht sah wirklich nicht wie das Gesicht eines Mörders aus. Er sah völlig verständnislos aus.

»Mach daß du wegkommst!« sagte Sheriff Coats.

Joey gehorchte.

Er ließ die Lampe an und las, bis sein Vater brummend den Kopf zur Tür hereinsteckte und das Licht ausmachte. Joey schloß die Augen und lauschte, wie sich die Schritte seines Vaters knarrend entfernten. Dann holte er seine Taschenlampe unter dem Bett hervor, baute die Bettdecke über seinem Kopf zeltartig auf und las weiter in seinem Baseball-Magazin.

Unter sich hörte er die Stimmen seiner Eltern und das Geklappere von Teetassen.

Die Stimme seines Vaters wurde lauter.

»Letzte Nacht ist schon wieder ein Mord passiert.«

»Aber doch nicht hier...?«

»In der Stadt...«

»...gut. Ich meine, das ist etwas anderes. Von Stadtbewohnern erwartet man solche Sachen.«

»Die Leute im Büro meinen, daß es eine Verbindung mit unserem Mord geben muß. Aber ich habe ihnen meine Meinung gesagt. ›Seid keine Narren‹, habe ich gesagt, ›Tom Barrett saß zur Zeit des zweiten Mordes hier in Maple Siding hinter Gittern. Wahrscheinlich hat irgendso ein Städter das über unseren Mord in der Zeitung gelesen und es nachgeahmt.«‹

Man hörte den Groll in Mr. Parkers Stimme. Es hörte sich so an, als wollte er das Urheberrecht verteidigen.

»Er ist nicht mehr hinter Gittern«, sagte Mrs. Parker. »Ich meine den Barrett-Jungen.«

»Das habe ich schon gehört. Das ganze Büro hat darüber geredet. Man stelle sich nur vor, daß so ein Kerl wieder auf die Straße gelassen wird. ›Ungenügende Beweise‹, hat der Haftrichter gesagt. Diese Narren sind auch nicht zufrieden, bevor sie nicht ein mit Blut geschriebenes Geständnis haben. Und dieser verdammte Verteidiger, Hugh Evans, hat argumentiert, daß der Junge keine Kampfspuren hatte. Als hätte der sich nicht gewaschen, nachdem er zu Hause war.«

»Allison war ja auch nur ein schwaches Ding. Sie hätte einen kräftigen Mann überhaupt nicht verletzen können.«

»Das stimmt. Und jetzt sagt Hugh Evans, daß die Polizei den verschwundenen Schuh suchen soll. ›Wenn ihr den Schuh findet‹, sagt er, ›dann habt ihr auch den Mörder.‹ Dieser alte Dummkopf. So einen Unsinn habe ich noch nicht gehört. Dieser Schuh könnte überall auftauchen. Irgend jemand könnte ihn finden und in unseren Garten schmeißen. Würde uns das zu Mördern machen? Lächerlich!«

»Irgend jemand könnte ihn einfach über unseren Zaun werfen.«

»Natürlich kann so etwas passieren. Und wir müßten denen dann eine Menge erklären, wenn es nach Hugh Evans ginge. Er würde uns das Leben schwer – verdammt schwer – machen, nur um seinen Klienten zu schützen.«

»Vielleicht würden wir dann seine Klienten...«

»Wenn ich den Schuh hätte«, sagte Mr. Parker, »würde ich ihn in Hugh Evans Briefkasten stopfen.«

Joey machte seine Taschenlampe aus und kroch unter seiner Bettdecke hervor. Er atmete schwer im Dunkeln.

Die Scheinwerfer der unter seinem Fenster vorbeifahrenden Autos strichen die Wand entlang.

Das war eine großartige Idee.

Aber es war auch eine gefährliche Idee.

Er konnte es kaum erwarten, sie Jim Slater zu erzählen.

Und während er schlief, verlief die Nacht ruhig und ohne Störungen. Außer, daß Kryger sich draußen eine Zeitlang unter Joeys Fenster herumtrieb und mit rachsüchtigen Augen und zusammengebissenen Zähnen hinaufstarrte.

»Du bist verrückt. Weißt du das? Total verrückt.«

Sie bezahlten ihre Erfrischungsgetränke und gingen aus Masons durch eine Klimaanlage gekühlten Laden nach draußen in den heißen Wind. Sie ließen sich vom Wind unter einen schützenden Baum treiben.

»Kryger würde wirklich zum Mörder, wenn du das mit ihm versuchst. Er würde mit dir anfangen. Du weißt, daß mit ihm etwas nicht stimmt. Er hat nicht alle Tassen im Schrank. Ich möchte nicht wissen, was er mit dir macht, wenn du ihm zwischen die Finger fällst. Bei dem Kerl sind ein paar Schrauben locker.«

Joey zog an seinem orangeroten Strohhalm.

»Ich habe das Scharnier am Tor umwickelt – er kann mir nicht zu nahe kommen. Es ist eine gute Idee, Jim. Es könnte funktionieren. Ich glaube, der alte Kryger hat schon Angst vor der Polizei. Ist dir noch nicht aufgefallen, daß er nie die Polizei ruft, wenn wir auf seinem Grundstück spielen?«

»Das hat überhaupt nichts zu bedeuten.«

»Es hat etwas zu bedeuten. Wahrscheinlich hat er dort geklaute Wagen.«

»Und was ist, wenn er wirklich der Mörder ist? Hast du darüber schon mal nachgedacht?«

Joey schnaufte. »Kryger? Daß ich nicht lache. Er ist zu alt, um hinter Mädchen her zu sein. Ich wette, er ist über vierzig – fünfundvierzig. Nee, irgend jemand anderes hat den Schuh ins Gebüsch geworfen, um ihn loszuwerden – Tom Barrett wahrscheinlich.

Einen Moment lang waren beide still und dachten nach. Schließlich sagte Jim: »Du weißt nicht einmal sicher, ob es ihr Schuh ist.«

»Es muß ihr Schuh sein.«

»Sicher, aber du *weißt* es nicht.«

Joey dachte darüber nach. Dann fragte er: »Es ist ganz egal, ob es ihr Schuh ist oder nicht. Kryger weiß es ja auch nicht, oder? Ich setze nur darauf, daß er nicht will, daß die Polizei bei ihm herumschnüffelt.« Er streckte sich lang im Gras aus und beobachtete, wie eine niedrige, weiße Wolke über dem Baum hinwegzog.

Das Geräusch ging Kryger durch Mark und Bein.

Clank, Pause ... clank, Pause ...

Eine Vorahnung ließ ihn hinaus auf den Hof lugen. Durch das mit Fliegen verdrecktes Glas seines Bürofensters sah er diesen neunmalklugen Jungen. Den, der immer auf Masons Dach kletterte.

Das Kind stand auf Krygers eigenem, unbenutzten Grundstück – so unverschämt, als gehöre es ihm. Der Bengel schaute zum Schrottplatz und knallte seinen Ball gegen Krygers Zaun. Kryger kochte vor Wut. Er dachte daran, durch das hintere Tor zu schlüpfen, einen Bogen zu laufen und den Jungen von hinten zu packen – aber er hatte den Schlüssel für das hintere Tor schon weggeworfen.

Nun ja, lautes Schreien, Schimpfen und eine drohend erhobene Faust würden den Jungen schon auf Trab bringen.

Er steigerte sich noch weiter in seinen Zorn hinein und polterte durch die Tür.

»Heh! Hau ab da – verschwinde!«

Aber der Junge rührte sich nicht.

Er fuhr zusammen und hätte fast seinen Ball fallengelassen. Aber er drehte sich nicht um und rannte davon, wie Kryger es erwartet hatte.

Er fing sich wieder und begann erneut, den Ball gegen den Zaun zu werfen.

Clank... clank...

Kryger fühlte, wie sich in ihm etwas aufbäumte. Es war das gleiche Gefühl, das er bei dem Davies-Mädchen und all diesen anderen Mädchen aus der Stadt gehabt hatte.

Er stapfte auf den Zaun zu und blähte sich auf wie eine Kröte.

Der Junge blieb einfach dort stehen. Der Ball flog hoch – clank – und wieder zurück... flog hoch – clank – und zurück... Kryger rollte schnaubend und feuerspuckend wie eine Dampfwalze heran, die kurz vor dem Platzen war. Er blieb in einer Entfernung von 1,50 Meter vor dem Jungen stehen, seine Nase war nur Zentimeter vom Maschendraht entfernt.

Der Ball flog auf sein Gesicht zu – clank – und zurück...

Kryger stand schwitzend da, er spannte und entspannte seine dicken Finger und hätte gerne etwas zerdrückt. Aber er sah, daß es hoffnungslos war. Der Junge hatte ihn besiegt. Er konnte überhaupt nichts tun. Wie ein Gefangener saß er hinter seinem eigenen, verdammten Zaun fest.

Der Junge beobachtete ihn genau, als warte er auf einen günstigen Augenblick. Dann sagte er mit einem dünnen Stimmchen: »Ich will mit Ihnen einen Handel abschließen.«

»Einen Handel? Du läufst unbefugt auf meinem Land herum und willst einen Handel abschließen?« Kryger versuchte wieder, durch den Zaun zu kommen.

»Ja. Sie lassen uns auf Ihrem Grundstück Baseball spielen und jagen uns nicht mehr fort, und ich werde niemandem etwas über den Schuh erzählen.«

Der Schuh.

Der ganze Himmel, die Sonne und der Wind schienen sich zu sammeln und Kryger wie mit einem Hammer zu schlagen. Es war, als wäre er gerade blindlings gegen eine Wand gelaufen; der Atem blieb ihm weg. Wenn er sich nicht mit beiden Händen am Zaun festgehalten hätte, hätte er sich vor Schreck lang hingelegt.

»Welchen Schuh?« flüsterte er.

»Diesen.« Der Junge drehte sich um und zeigte mit dem Finger in die Richtung von Masons Laden.

Ein zweiter Junge, eine lange, träge Erscheinung in Jeans, kam um die Ecke des Ladens. Er hielt einen Schuh hoch und winkte damit, wirbelte ihn herum und warf ihn in die Luft. Er drehte und drehte sich.

Weiß und gelb ... weiß und gelb ...

»Ich habe ihn auf Ihrem Schrottplatz gefunden. Dort oben, auf dem Bus.« Der Junge zeigte in die Richtung.

Kryger erinnerte sich an die langen, schlanken Beine in Baumwollhosen. Er schaute zum Bus. Ja, es war durchaus möglich. Er hätte daran denken sollen, auch weiter oben zu suchen, statt wie ein Bluthund auf der Erde herumzuschnüffeln. Aber noch, erinnerte er sich selbst, konnte niemand beweisen, daß er etwas mit dem Schuh zu tun hatte.

»Es ist Blut dran«, sagte der Junge. »Ihr Blut.«

Kryger bemerkte, daß er immer noch am Zaun hing, die Hände weit oben und seine zerschundenen und zerkratzten Arme waren nackt den Blicken des Jungen preisgegeben. Wie dieses kleine Biest gekämpft hatte: das war richtiges Landblut. Keines der Stadtmädchen hätte es mit ihr aufnehmen können ...

»Woher weißt du, daß es mein Blut ist?« fragte er schwach und versuchte, amüsiert auszusehen. Am liebsten würde er jetzt das ganze Spiel aufgeben. Er könnte direkt ins Büro des Sheriffs marschieren, die Schlüssel heraussuchen und sich selbst einschließen. Er würde sagen: »Hier bin ich – Ollie Kryger. Ich habe das Davies-Mädchen erwürgt – und noch viele andere, in der Stadt.« Er stellte sich vor, wie ihn der Sheriff brutal in der Dunkelheit der Zellen verprügeln würde.

Der Junge redete weiter.

»Erinnern Sie sich daran, wie Sie mich auf Masons Dach gejagt haben? Sie haben sich Ihre Hand an der Dachrinne verletzt. Ich bin einfach mit dem Schuh zur Dachrinne gegangen und habe ihn an dem getrockneten Blut gerieben. Darum ist Ihr Blut dran, darüber besteht kein Zweifel.«

Kryger schöpfte wieder Hoffnung.

Diese Hoffnung flackerte in seinen Gedanken auf wie eine Kerze in einem weit entfernten Fenster. Die Jungen glaubten nicht wirklich, daß er das Davies-Mädchen ermordet hatte. Seine angespannten Muskeln lösten sich langsam wieder.

»Was willst du von mir, Bürschchen?«

»Alles was wir wollen – was ich will – ist, daß Sie aufhören, uns von dem Grundstück zu jagen und unsere Spiele zu stören. Wir beschädigen nichts – Ihre Fenster gehen nicht zu dieser Seite, so daß wir sie nicht kaputtmachen können. Es kostet Sie nichts. Sie lassen uns in Frieden, und wir lassen Sie in Frieden. Okay?«

Kryger hörte jetzt mit dem Versuch auf, den Zaun aus dem Boden zu reißen, und entspannte sich. Der harte Stahl des Zauns drückte gegen seine Wangen. Der Boden, der ihm noch vor einem Augenblick schwankend vorgekommen war, war wieder gerade und fest. Diese Jungen hatten nichts gegen ihn in der Hand, gar nichts. Sie versuchten ungeschickt, ihn zu erpressen.

Trotzdem, er mußt vorsichtig sein. Es könnten ein paar echte Blutstropfen von ihm an dem Schuh kleben.

»Paß auf, mein Junge«, begann er. »Wie heißt du?«

»Joey.«

»Paß auf, Joey, ich weiß, was du hier versuchst. Aber du kannst so eine Geschichte nicht beweisen. Weißt du nicht, daß die Polizeidetektive heutzutage eine moderne, wissenschaftliche Ausrüstung haben? Die werden sofort durchschauen, was hier gespielt wird – die werden die Rostspuren mit der Dachrinne in Verbindung bringen.«

»Ich werde ihnen nichts von der Dachrinne erzählen.«

»Oh, aber ich, Joey. Ich muß mich doch gegen eine Lüge verteidigen, oder?«

Der Junge wurde unschlüssig. Aber er sagte mit Bestimmtheit: »Wir können die Dachrinne jetzt sofort herunterreißen, mein Kumpel und ich, und mit ihr wegrennen. Wir können sie irgendwo verstecken –«

Kryger zwang sich, zu lachen. Er brauchte dazu Muskeln, von denen er nicht gewußt hatte, daß er sie hatte.

»Joey, Joey, das hilft nichts. Sie würden sehen, daß die Dachrinne fehlt und erst vor kurzem abgerissen wurde. Und ich müßte ihnen sagen, daß du versucht hast, mich zu erpressen. Und Erpressung ist ein schweres Verbrechen. Sie werden dich schon zum Reden bringen. Sie würden dich nach unten in den Keller des Sheriffbüros schleppen, und sie würden dich zum Reden bringen, das weißt du ganz sicher auch. Die können ganz schön gemein sein, diese Bullen, Joey...«

Der Junge schien jetzt vollkommen enttäuscht zu sein. Sein Fanghandschuh hing ihm an der Seite herunter, seine großen, wachsamen Augen sahen verzweifelt aus.

Der richtige Augenblick, dachte Kryger, ist alles. Er wartete drei oder vier Sekunden, dann sagte er:

»Trotzdem, Joey, du hast mich vollkommen falsch eingeschätzt. Ganz falsch. Wenn einer von euch Burschen zu mir gekommen wäre und mich direkt gefragt hätte, ob ihr auf dem Grundstück spielen dürft, dann hätte ich es euch erlaubt. Das hätte ich wirklich, Joey. Ihr

Jungen denkt wohl von mir, daß ich ein ganz gemeiner, alter Mann bin, aber das bin ich wirklich nicht. Ich möchte nur gerne gefragt werden, das ist alles.«

Kryger sagte einen Augenblick lang nichts mehr, um seine Worte wirken zu lassen, dann fuhr er fort: »Versuch es doch einmal, Joey. Frag mich geradewegs, ob du auf meinem Grundstück Baseball spielen darfst. Frag mich geradewegs wie ein Mann, und hör dir an, was ich dir dann antworte.«

Der Junge blickte zu der Hausecke von Masons Laden zurück, zu seinem Freund, der so aussah, als würde ihn die ganze Sache langweilen. Jim warf den Sportschuh nicht mehr neckisch in die Luft, sondern hielt ihn gelangweilt in einer Hand.

»In Ordnung«, sagte Joey schließlich. »Ich werde es machen – dürfen wir auf Ihrem Grundstück Baseball spielen?«

Mach es ihm nicht zu einfach, dachte Kryger, sonst schöpft er Verdacht. Laut sagte er: »Kannst du nicht ›bitte‹ sagen? Das wäre nur höflich.«

Der Junge seufzte; es hörte sich an wie die Seufzer von allen geplagten Jungen dieser Erde. Er drehte sich um, so daß sein Freund die Bewegungen seiner Lippen nicht sehen konnte und sagte mit leiser Stimme:

»Also gut – *bitte*.«

Kryger zog seine Augenbrauen hoch, so daß es aussah, als würde er es sich gründlich überlegen. Dann sagte er: »Warum nicht?«

Der freche Junge warf vor Freude seinen Handschuh in die Luft.

»Aber«, warnte Kryger ihn, »ihr dürft nichts beschädigen.« Es war eine bedeutungslose Bedingung: es gab dort nichts zu beschädigen.

Der Junge wirbelte herum und rannte über den Kies zu seinem Freund. Er redete aufgeregt auf ihn ein, dann schrien die beiden vor Freude laut auf. Der Junge mit dem Schuh warf den Sportschuh hoch in die Luft, und dann sausten sie beide davon.

Der Schuh flog rasch nach oben, stieg hinauf in die blaue Frühsommerluft, machte einen Bogen, drehte sich langsam, langsam, gelb und weiß, gelb und weiß, gelb und weiß...

Kryger ging mit dem Schuh zum Schrottplatz zurück, tränkte ihn großzügig mit Benzin und hielt ein Streichholz daran. Die strahlenden Frühlingsfarben flackerten kurz auf und wurden dann ganz schwarz.

Der Rauch stieg geradewegs nach oben.

Es war nicht ein Windhauch zu spüren.

Es war ein wunderschöner, von Vogelgezwitscher erfüllter Morgen. Und wie die Vögel nach dem Sturm, kamen die Damen aus Maple Siding aus ihrem Nest heraus. Sie hatten neue Frühlingskleider an und schwatzen und kicherten in den Straßen.

Kryger beobachtete sie in ihrer vollbusigen Plumpheit. Er atmete etwas schneller.

Er ging weiter durch die angenehme Luft, um sein großes Vordertor zu schließen. Einen der Jungen hörte er flüstern: »Er ist gar nicht so übel.«

Sein Grundstück war voll spielender, lachender Kinder. Sie kreischten wie Möwen. Der neunmalkluge Junge stand dort drüben an der Abwurfstelle und winkte Kryger zu, und Kryger winkte zurück.

»Nun mach schon!« schrie Kryger grinsend.

Du kleiner, neunmalkluger Bursche, dachte er, spiel nur dein dummes Spiel.

Kryger wollte sich zu Ruhe setzen.

In der Stadt.

Originaltitel: EARLY SUMMER, 12/86
Übersetzt von Gabriele Kunstmann

Doug Allyn

Der Tümpeltaucher

Es kann gut sein, daß Charlie Bauers Sirene mich vor ernsten Verletzungen bewahrt hat. Einer meiner regelmäßigen Kunden hatte gerade eine Prügelei mit einem Touristen im Kleiderschrankformat angefangen. Ich kam hinter der Bar hervor und wollte dazwischengehen, als das Heulen der näherkommenden Sirene und das Reifenquietschen auf dem Parkplatz alle vor die Tür trieb. Natürlich konnten wir von drinnen nicht sagen, was die Sirene zu bedeuten hatte. Schließlich gehen die einzigen Fenster im Crow's Nest auf den Huron-See und den Hafen hinaus; trotzdem, man soll nie fragen, nach wem das Horn ruft.

Einen Moment später stapfte Charlie Parker durch die Hintertür herein. Er sah extrem mißmutig aus, und das machte mich auch mißmutig. Mit seinen zwei Metern und zweieinhalb Zentnern wären Charlies Stimmungen selbst dann ansteckend, wenn er nicht der County Sheriff wäre. Er sieht nicht mehr ganz aus wie Mister Muskel, er ist immerhin stramme Fünfzig, wird langsam ein bißchen grau auf dem Kopf und ein bißchen rund um die Mitte, aber er ist noch immer groß und stark genug, um den Leuten auf die Füße zu treten, und ein griesgrämiger Riese, ob nun Cop oder nicht, hatte mir zur Belebung des Nachmittagsgeschäfts gerade noch gefehlt.

Er winkte mich nach hinten in Richtung Büro, folgte mir und schloß die Tür hinter uns.

»Mitch, ich habe ein Problem, und ich brauche Hilfe. Sieht ganz so aus, als hätten wir wieder einen Toten unten.«

»Wer ist es?« fragte ich.

»Addison. Ich glaube, so heißt er. Harvey Addison? Der Verlobte von Andrea Deveraux.«

»Großer Gott«, sagte ich leise. Dann sagte ich eine Weile gar nichts. Ich konnte nicht. »Was ist passiert?« brachte ich schließlich heraus.

»Niemand weiß etwas Genaues. Addison und Terry Fortier haben nach der *Queen of Lorraine* getaucht. Terry kam wieder hoch, aber Addison hat es nicht geschafft. Baggers Gant war zwar mit ihnen unten, um die Aktion auf Video aufzunehmen, aber er ist ihnen nicht bis ins Wrack gefolgt. Ich möchte, daß du nach dem Toten tauchst.«

»Ich dachte, die Polizei hätte für diese Dinge einen Vertrag mit Bill Atkins.«

»Er ist unten in der Saginaw Bay und taucht nach einem kleinen Flugzeug. Heute nacht soll es außerdem einen Sturm geben, der drei Tage anhalten kann. Ich brauche jemanden, der sofort da runter gehen kann.«

Ich schaute durch mein Bürofenster nach draußen. Jenseits des Hafens verdunkelte sich der Himmel, und auf dem Huron-See waren schon schwere Wellen zu sehen, drei bis vier Fuß hoch. Typisches Augustwetter. Besuchen Sie Michigan, das Wasserparadies, heißt es in den Werbeprospekten. Dabei verschweigen sie, daß nur die eine Hälfte des Wassers in den Seen ist. Die andere Hälfte wird einem in regelmäßigen Abständen auf den Kopf gegossen.

»Tut mir leid«, sagte ich. »Du mußt dir einen anderen suchen, Charlie.«

»Was zum Teufel soll das heißen? Du hast uns schon einmal ausgeholfen.«

»Richtig«, sagte ich. »Einmal. Es gibt eine Menge Leute, die nach Toten tauchen – einmal. Das ist nämlich etwas, das man nie wieder tun möchte. Außerdem muß ich mich ums Geschäft kümmern.«

»Die *Queen* liegt in zweihundert Fuß Tiefe. Kannst du mir irgend jemanden nennen, der so tief tauchen kann?«

»Sicher«, erwiderte ich. »Terry kann das. Sogar Baggers. Und die sind schon da draußen.«

»Ich möchte nicht, daß einer von den beiden noch einmal runtergeht. Im Gegenteil, ich habe ihnen befohlen, außerhalb des Wassers zu bleiben.«

»Was willst du damit sagen?«

»Vielleicht gar nichts«, meinte er stur, »aber Terry und Addison sind zusammen runter, und Addison ist nicht wieder raufgekommen. Terry und Andrea waren einmal ziemlich eng liiert. Wirklich eng, wenn ich dich erinnern darf.«

»Blödsinn, Charlie. Wenn du jeden verdächtigen wolltest, der früher oder später einmal hinter Andrea hergewesen ist, müßtest du die Hälfte der Clowns festnehmen, die in dieser Stadt aufgewachsen sind, mich eingeschlossen. Terry ist vielleicht immer ein bißchen stürmisch gewesen, kann ja sein, aber nicht so, und das weißt du auch.«

»Ich weiß, daß er dein Freund ist, Mitch. Ich kann also offen sprechen. Wir sprechen nicht über irgend jemanden hier, wir sprechen über Andrea Deveraux' Verlobten. Das kann und darf ich nicht übersehen. Wenn du nicht nachsehen gehst, muß ich Terry unter

Mordverdacht einsperren, bis Atkins zurück ist. Ich muß alle Fakten berücksichtigen. Du weißt, wie der alte Deveraux ist.«

Ein Punkt für Charlie. In jenem längst vergangenen Sommer, in dem ich Andreas Neuester sein durfte und zeitweilig im Hause Deveraux gern gesehen wurde, hatte ich am Rande auch Jason Deveraux kennengelernt. Er entsprach meinem Wunschbild von einem Vater: groß, vornehm und Chef der DevCon Papiermühlen, der Deveraux Mills-Flotte und des Deveraux-Instituts. Ein charmanter, aalglatter und rachsüchtiger Gangster. Ich mochte ihn sehr. Und Bauer hatte recht. Man kam ihm besser nicht in die Quere.

»Nun los, Mitch«, bat Charlie leise. »Ich führe ja keine Liste, aber ich habe bestimmt noch was bei dir gut. Und wenn nicht ich, dann Terry. Ich will ihn nicht einsperren, aber ich werde das tun. Also, wie steht's?«

»Kann sein, daß ich Sharon bitten kann, früher zu kommen, um sich um die Bar zu kümmern und auf alles ein Auge zu haben«, stimmte ich seufzend zu. »Du hast sowieso schon die Hälfte meiner Kunden vergrault. Ich muß nur noch mein Zeug holen. Wir treffen uns in zwanzig Minuten auf meinem Boot.«

»Danke«, sagte Bauer, »das vergeß ich dir nicht, Mitch. Dieser – äh – Addison«, fügte er hinzu und machte in der Tür eine kleine Kunstpause, »hast du den gekannt?«

»Ich habe ihn einmal gesehen«, sagte ich.

»Und?«

»Er kam mir ganz nett vor.« Ich zuckte die Achseln. »Andrea hat schon immer einen guten Geschmack gehabt. Wir treffen uns im Hafen. In zwanzig Minuten.«

Ich hatte Harvey Addison einen Monat vorher kennengelernt, am verlängerten Wochenende um den vierten Juli herum. Das Crow's Nest war mit Touristen vollgestopft, aber ich hatte ihn sofort bemerkt, weil er mit Andrea hereingekommen war. Nach all den Jahren versetzt es mir noch immer einen leichten Stich, wenn sie ins Zimmer kommt. Wahrscheinlich geht das jedem so mit seiner ersten Liebe, aber ich glaube, daß sie eine ähnliche Wirkung auf die meisten Leute ausübt. Sie ist einfach eine hinreißende Frau, breitschultrig, mit dunklem, verwuscheltem Haar. Im ganzen wirkt sie etwas zu eckig, um im gewöhnlichen Sinne für schön zu gelten, aber sie hat so eine katzenartige Ausstrahlung, die das mehr als wettmacht. Für mich jedenfalls.

Natürlich sah ich mir meinen neuesten Nachfolger genau an. Er war deprimierend gut gewachsen, groß, durchtrainiert und braungebrannt, mit sandblondem Haar, und trug einen Leinenblazer, der etwa so viel gekostet haben mußte wie ein Flugticket nach Australien. Er schien Anfang dreißig zu sein, vielleicht ein oder zwei Jahre jünger als Andrea, obwohl sie sich niemals zu verändern schien. Einen Moment lang blieben sie in der Tür stehen und besprachen etwas, dann ging sie weg, auf einige Freunde zu, während er geradewegs auf mein Büro zumarschierte, kaum hörbar anklopfte und auch schon eingetreten war.

»Mr. Mitchell?« fragte er und reichte mir seine Hand. »Ich bin Harvey Addison. Ich habe mir sagen lassen, daß Sie – unter anderem – der Altmeister der örtlichen Tieftaucher sind.«

»Ich glaube nicht, daß ich für diese Würde schon alt genug bin«, sagte ich. »Aber ich kenne die meisten Leute, die in der Gegend tauchen, und ich habe auch gelernt, selbst naß zu werden. Was kann ich für Sie tun?« Sein Händedruck war fest, aber kein Wettbewerb mit mir. Eins zu null für ihn. Er ließ sich in einem der Kapitänssessel vor meinem Schreibtisch nieder.

»Ich möchte gern für einen Monat oder so ein Boot chartern. Hier in der Gegend soll es einige interessante Wracks geben.«

»Ein paar schon.« Ich nickte. »Es gibt fast hundert Wracks in fünfzehn Meilen Umkreis, und in den größeren Seen sind es mehr als sechstausend, nur die größeren gerechnet, von denen wir genau wissen. Gott allein weiß, wie viele kleinere Schiffe noch dort liegen. Die Seen sind voll von Booten, und manchmal auch Toten.«

»Ich interessiere mich allerdings für ein bestimmtes Wrack, die *Queen of Lorraine*.«

»Die *Queen*?« fragte ich und zog eine Augenbraue hoch.

»Richtig. Wissen Sie irgend etwas über das Schiff?«

»Ein bißchen. Sie wurde 1926 gebaut, als Flaggschiff der Deveraux Mills-Flotte«, leierte ich herunter. »Sie war von Erie in Richtung Chicago ausgelaufen und hatte gewalzten Stahl geladen, als sie im November 1968 von einem schwedischen Frachter gerammt wurde, der – äh, der *Halmstad*. Der Kapitän hat offenbar nicht bemerkt, wie schwer sie beschädigt worden war, und hat versucht, sie noch bis zum Ufer bei North Point zu bringen. Er hat es nicht geschafft. Sie kenterte und sank. Der größte Teil der Mannschaft ist rechtzeitig von Bord gekommen, aber mindestens ein halbes Dutzend haben es nicht geschafft, der Kapitän eingeschlossen.«

»Ich bin beeindruckt«, behauptete Addison. »Sie haben also schon einmal nach ihr getaucht?«

»Er nicht«, sagte Terry Fortier von der Tür her, »aber ich.« Er war während des letzten Teils unserer Unterhaltung hereingekommen. Ich hatte ihn erwartet. Er war im Gastraum gewesen und hatte Billard gespielt, und es war klar, daß er sich die Chance nicht entgehen lassen würde, Andreas Neuesten aus der Nähe zu sehen. Nebeneinander ergaben sie einen ziemlichen Kontrast: Addison, der blonde Karrieretyp, weiß, offenbar angelsächsischer Herkunft, protestantisch, und Terry, kompakt gebaut, mit seinem Adlergesicht, dunkel wie ein Pirat und bestimmt kein Protestant.

Ich stellte die beiden vor, und Terry parkte sein Hinterteil auf einer Ecke meines Schreibtischs, während er sein Queue auf den Boden stellte.

»Die *Queen* liegt in zweihundert Fuß Tiefe«, setzte er meinen Bericht fort. »Kieloben. Maste und Aufbauten sind in den Schlamm gebohrt. Sie liegt genau in der Mitte des Huron-See-Schutzgebietes.«

»Schutzgebiet?« fragte Addison kopfschüttelnd.

»1980 haben sie ein Gesetz erlassen«, erklärte ich ihm, »das die Plünderung der Wracks unter Strafe stellt. Sie brauchen eine Erlaubnis, um nach einem der Schiffe im Schutzgebiet tauchen zu dürfen. Das Gesetz ist allerdings schwer durchzusetzen, und es gibt immer noch einen schwarzen Markt für ›Perlen‹, wie Nebelleuchten, Steuerräder, Bullaugen und so weiter. Und tatsächlich habe ich irgendwo gehört, daß auch Inventar der *Queen* aufgetaucht sein soll.«

»Ja«, sagte Terry gleichgültig. »Davon habe ich auch gehört. Warum dieses spezielle Interesse an der *Queen*, Harvey? Es gibt genug andere Wracks da draußen.«

»Nun, sie hat der Familie meiner Verlobten gehört, den Deveraux. Vielleicht kennen Sie ja Andrea?«

Diese Unschuld war nicht gespielt. Offensichtlich hatte sie ihm nichts von Terry erzählt. Und auch nicht von mir oder einem der anderen, wie es schien. Ich fragte mich, wie gut er sie wohl wirklich kannte.

»Sicher«, gab Terry zu. »Wir waren zusammen auf der High School. Du erinnerst dich doch auch an Andy, oder, Mitch?«

»Verschwommen«, sagte ich. »Nettes Mädchen.«

»Finde ich auch«, sagte Addison blasiert. »Jedenfalls sieht es so aus, als wäre dort eine große Bronzetafel im Passagiersalon angebracht gewesen, bevor das Schiff untergegangen ist. Und mein zukünftiger

Schwiegervater ist ziemlich scharf darauf, diese Tafel für das Deveraux-Museum zu bergen. Ich habe ein Bild dabei«, sagte er und zog ein altes Foto von der *Queen of Lorraine* aus der Innentasche seines Sportsakkos. »Der Salon muß hier, ganz vorne sein, im Bug. Auf den Blaupausen sieht es so aus, als gäbe es nur einen Weg dorthin, nämlich durch einen langen Korridor, vom Haupteingang mittschiffs aus.« Er reichte Terry das Bild.

»Was meinen Sie? Können wir da reinkommen?«

»Weiß nicht«, sagte Terry und sah das Foto an. »Ich bin noch nicht so weit drin gewesen. Aber ihr Bug liegt nicht auf Grund. Kann schon sein, daß man reinkommt.«

»Sie sagten ›wir‹, Mr. Addison«, sagte ich. »Planen Sie etwa, selbst nach der *Queen* zu tauchen?«

»Na sicher«, erwiderte er, »darum geht's ja. Ich möchte die Tafel als eine Art Hochzeitsgeschenk für Mr. Deveraux haben. Ich bin noch nie zweihundert Fuß tief gewesen, aber ich lerne schnell und habe schon öfter getaucht.«

»In den Großen Seen?« fragte ich.

»Nein, hier nicht. Meist in der Karibik oder bei Florida, aber ich kann mir nicht vorstellen, daß da ein großer Unterschied sein sollte.«

»Ein kleiner Unterschied ist da schon«, wandte ich ein. »Die Seen hier sind dunkel, schmutzig und kalt wie der Kuß einer Hexe. Wegen des Schlamms ist die Sichtweite lächerlich gering, und die Strömungen sind manchmal unberechenbar. Allerdings sind die Wracks in der Regel gut erhalten. In Süßwasser verrotten sie nicht so schnell, und deshalb sehen sie oft aus, als ob sie ohne Gefahr zu betreten wären. Der Eindruck täuscht.«

»Und übrigens könnte da die eine oder andere Leiche herumliegen«, fuhr Terry fort. »Deshalb ist Mitch hier zum Beispiel noch nicht unten auf der *Queen* gewesen. Wie haben Sie's mit den Toten, Harvey?«

»In einem der Wracks unten in Florida hat ein Skelett gelegen«, brachte er hervor. »Ich bin damit fertiggeworden.«

»Ich spreche hier nicht von Skeletten, mein Herr«, grinste Terry. »Ich rede von Leichen.«

»Aber die Queen ist doch schon seit fast zwanzig Jahren unten, bestimmt –«

»Bei zweihundert Fuß schwankt die Wassertemperatur nur zwischen drei und vier Grad«, erläuterte ihm Terry. »Bei der Kälte verwesen die Toten nicht, und Fische kommen nicht so weiter runter.

Die *Griffin* ist 1689 untergegangen, aber da sie so weit unten liegt, wird noch an Bord sein, wer immer mit ihr untergegangen sein mag, und zwar mehr oder weniger in einem Stück.«

»Sie machen Witze«, warf Addison ein.

»Ich fürchte, nein«, sagte ich. »Es müßten noch sechs Tote an Bord der *Queen* sein. Das will vorher bedacht werden.«

Addison musterte uns mit offensichtlichem Mißtrauen. »Hören Sie«, hob er steif an. »Ich kann mir vorstellen, daß es hier zur Tradition gehört, sich ein bißchen über Zugereiste lustig zu machen, aber es ist mir ernst. Ich will nach der *Queen* tauchen. Ich bin kein Anfänger. Ich habe schon bei hundert Fuß gearbeitet, und mit ein wenig Übung kann ich das auch bei zweihundert Fuß. Ich will ein Boot und einen erfahrenen Taucher chartern. Also, ist einer von Ihnen interessiert oder nicht?«

»Laß dich von den Dorfjungen hier nicht aufs Kreuz legen, Harvey«, sagte Andrea und beugte sich über die Rückenlehne seines Sessels, wobei ihre Lippen die Luft neben seiner Wange küßten. »Sie sind Experten. Die Klassenclowns der Huron High-School. Und versucht es nicht mit mir, Gentlemen, falls ihr gerade auf diese Idee gekommen sein solltet.« Sie ließ sich vornehm in dem Kapitänssessel neben Harveys nieder, zog eine Zigarette aus ihrer Handtasche und wartete darauf, daß er ihr Feuer gab. Was er auch mit fast ungebührlicher Hast tat.

»Mitch, Terry«, nickte sie und blies eine Rauchwolke in meine Richtung. »Wie geht's euch? Lange her.«

»Wenn man dich so sieht, ahnt man das nicht«, sagte ich ehrlich. »Du siehst großartig aus.« Tat sie wirklich. Beinahe. Sie trug einen ungebleichten Mousselin-Sommeranzug, der ihre Figur vorteilhaft unterstrich, aber der Tequila Sunrise in ihrer Hand sah für mein erfahrenes Auge verdächtig nach einem dreifachen aus; außerdem behielt sie die Sonnenbrille auf, obwohl es im Crow's Nest dunkel wie in einem Burgverlies war. Ich hatte gehört, daß ihre Mutter den Sommer in einem schicken Sanatorium für Drogenabhängige verbrachte, und ich fragte mich, ob Andrea daraus eine Familientradition machen wollte.

»Es überrascht mich, dich wieder in der Stadt und als Pächter einer Bar zu finden, Mitch«, sagte sie.

»Wieso überrascht?« wollte ich wissen. »Einige meiner besten Freunde sind Kneipiers.«

»Kann schon sein. Aber ich erinnere mich an dich als fleißig bis zum Irrsinn. Ich habe immer gedacht, du hättest größere Dinge im Auge.«

»Habe ich immer noch, auf meine Weise«, sagte ich und wies in Richtung Fenster.

»Meinst du den Hafen?« fragte sie verständnislos.

»Nein«, korrigierte ich sie, »die Seen.«

Einen Moment lang sah sie etwas verwirrt aus, dann ging sie mit einem Achselzucken darüber hinweg. Dann wandte sich die Unterhaltung den Schwierigkeiten zu, die einer Bergungserlaubnis durch die Verwaltung des Schutzgebietes im Wege standen. Aber ich hörte nicht mehr so genau hin. Eine müßige Diskussion. Ihr Vater würde wahrscheinlich eine Erlaubnis bekommen, Alaska an Bulgarien zu verschenken, wenn er sich dahinterklemmte. Statt zuzuhören, spielte ich mein eigenes Spielchen.

Ich schaltete einen imaginären Diaprojektor in meinem Kopf ein und versuchte, die klare Erinnerung an die Andrea, die ich in dem Sommer nach unserem High-School-Abschluß gekannt hatte, mit der Frau zur Deckung zu bringen, die da neben Harvey saß. Es gelang mir nicht. Sie hatte sich vielleicht nur wenig, aber wesentlich verändert. Die Zigarette, der dreifache Tequila, die Falten des Überdrusses, die ständig um ihren Mund spielten. Aber dann geriet mein kleiner Projektor außer Kontrolle, und ich versank in einer Flut von Erinnerungen. Andrea in meinen Armen beim Abschlußball, Andrea auf dem Vorderdeck meines ersten Bootes, wo sie einen leuchtend blauen Bikini trug, der mir physischen Schmerz bereitete, Andrea im Mondlicht, als der See flimmerndes Licht auf ihre Schultern warf, während wir uns auf einem zerrissenen Strandlaken stundenlang liebten, im Hintergrund die Brandung als donnernde Begleitmusik. Und natürlich, Andrea voller Wut, außer sich wegen meiner Forderung, sie solle die Strandparty zum vierten Juli versäumen, weil ich zu arbeiten hatte. Sie war zu der Party gegangen, aus meinem Leben verschwunden und im gleichen Moment, in dieser Nacht noch, in Terrys Leben getreten. Aber nur für kurze Zeit. Im September war sie schon zum College nach Bryn Mawr gegangen und –

Sie starrten mich erwartungsvoll an.

»Tut mir leid«, beteuerte ich. »Ich habe – vor mich hingedöst. Was, äh –«

»Harvey fragt, ob er dich und die *Bonita* für etwa einen Monat exklusiv chartern kann«, half mir Terry. »Wenn du zu viel zu tun hast, würde ich mich gern um ihn kümmern. Ich könnte das Geld gebrauchen.«

»Vielleicht wäre das das Beste«, sagte ich und nickte. »Ich bin, äh, ziemlich ausgebucht, und weil du ja auch schon mal unten bei der *Queen* gewesen bist...« Es fiel mir schwer zu atmen. Ein längst vergessener Schmerz schnürte mir die Brust ein, ein Schmerz, der gar nichts mit der Frau zu tun hatte, die vor mir saß, sondern mit der, die ich verloren hatte.

»Gut«, sagte Harvey und erhob sich. »Also abgemacht. Ich freue mich darauf. Es war mir ein Vergnügen, Sie kennenzulernen.«

Andrea ging ohne ein Wort mit ihm hinaus, während wir unseren Abschiedsgruß murmelten.

Terry sah ihnen noch nach, wie sie sich ihren Weg durch die Nachmittagskundschaft bahnten, wobei, wie mir schien, Andy leichte Gleichgewichtsstörungen hatte. Dann ging er an mein Barfach und goß uns zwei doppelte Cognac ein.

»Hier«, sagte er und reichte mir einen. »Du siehst so aus, als ob du ihn gebrauchen könntest.«

»War das so offensichtlich?«

»Wahrscheinlich nur für mich. Sie hat sich kein bißchen verändert, nicht?«

»Es ist lange her«, sagte ich. »Jeder ändert sich.«

»Nicht Andy«, sagte er und schlürfte gedankenverloren seinen Cognac. »Sie ist wie eine der Frauen im tiefen Wasser. Ich glaube nicht, daß sie sich jemals ändern wird.«

Ich dachte mir, daß Terry wohl eine ganze Reihe eigener Erinnerungen haben mußte. Ich trank also meinen Cognac, spürte, wie die Wärme meinen Schmerz linderte, und sagte nichts. Und das war vielleicht ein Fehler.

Charlie Bauer erwartete mich schon am Dock und starrte zweifelnd die *Bonita* an, als ich aufkreuzte.

»Guter Gott«, sagte er. »Wir werden doch nicht mit diesem Ding hinausfahren, oder? Am Strand habe ich schon Wracks gesehen, die besser in Schuß waren.«

»Sie ist einmal ein Wrack gewesen«, erklärte ich ihm. »Baujahr achtundfünfzig, 1967 im Sturm gesunken. Ich habe sie aus der tiefen Rinne in der Charlevoix-Passage geborgen und überholt.«

»Sie sieht nicht aus, als ob du da viel überholt hättest«, sagte er und schüttelte den Kopf.

»Dazu gab es auch keinen Grund«, sagte ich. »Boote von Tauchern sehen immer ein bißchen heruntergekommen aus, weil überall Gasflaschen und Ballastgürtel und Bergungsgut herumliegen. Sie ist vollkommen seetüchtig.«

»Ich möchte wetten, das hat der Typ auch gedacht, dem sie mal gehört hat«, brummte Bauer. Er warf seinen Hut in den Streifenwagen und half mir, die drei doppelten Achtziger-Gasflaschen von meinem Jeep herunter und auf die *Bonita* zu hieven, die er trotz des Gewichts von jeweils hundertfünfundzwanzig Pfund ohne Schwierigkeiten hob. Auf einem Tauchboot kann man nie zu viele Reserve-Gasflaschen haben, aber diesmal würde ich sie höchstwahrscheinlich wirklich nicht brauchen. Der Himmel verdunkelte sich schnell, und der Wind nahm zu. Ich würde gerade Zeit genug für einen Tauchversuch haben, bevor der Sturm losbrach.

Ich ließ die *Bonita* an, und ihr Chevy-Motor erwachte brummig zum Leben, hustend und spuckend wie ein alter Mann nach dem Aufstehen.

»Hol doch mal den Beutel aus meinem Jeep und leg dann ab, während ich sie aufwärme«, rief ich Bauer über den Lärm des Motors zu.

»Hast du Funk an Bord?« rief er zurück.

»Ja, Küstenfunk. Dein Revier kann uns auf Kanal sechzehn erreichen.«

»Das reicht.«

Ich überprüfte die Armaturen und den Empfänger, während Charlie vom Streifenwagen aus das Revier rief. Die Benzintanks der *Bonita* waren randvoll, und alles schien normal zu sein. Zum Glück. Die *Queen of Lorraine* lag drei Meilen vom Ufer entfernt, und der Anblick, den die Bucht bot, gefiel mir gar nicht. Der Beutel mit meinen Sachen plumpste auf das Deck, und Bauer krabbelte mit der Grazie eines fußkranken Tanzbären an Bord.

Ich ließ die *Bonita* vorwärts von ihrem Liegeplatz gleiten und hielt dann die Geschwindigkeit niedrig, um nicht an die anderen Kähne zu stoßen. Sobald wir die Hafeneinfahrt hinter uns gelassen hatten, gab ich Gas, und wir rasten in die Bucht hinaus. Unser Schiff hüpfte schon auf den fünf Fuß hohen Wellen, die in Kürze bis zu dreißig Fuß hoch sein könnten, ohne daß der Abstand zwischen ihnen sich verringern würde. Solche Wellen hatten schon größere Boote in ihre Einzelteile zerschlagen und verschluckt, von der *Griffin* bis zur *Edmund Fitzgerald*.

»Du übernimmst das Steuer«, rief ich Bauer zu. »Ich ziehe derweil die Montur an.«

»Vielleicht solltest du lieber am Ruder bleiben«, sagte er und schüttelte den Kopf. »Ich habe keinen blassen Dunst von Booten.«

»Du mußt sie nur in der Richtung halten, in die wir jetzt fahren. Wenn wir North Point passiert haben, müßtest du Terrys Boot schon sehen können. Du mußt nur darauf zufahren.«

Er nickte zögernd und übernahm. Ich bewegte mich vorsichtig nach achtern, zog den Reißverschluß meines Monturbeutels auf und zog mich bis auf die Badehose aus. Ich zerrte meine »Wolly Bears« heraus und zog sie an. Die flauschige, lange Unterwäsche nahm sich an einem Augustnachmittag vermutlich etwas komisch aus, aber da, wo ich hin sollte, war dauernd tiefer, dunkler Dezember.

Der Ganzkörper-Viking-Anzug war als nächstes dran. Ein sperriges, ausgebeultes Ding, in dem man wie ein schwangeres Walroß aussieht. Ich spürte, daß Charlie vom Gas ging, als ich ein letztes Mal meine Ausrüstung überprüfte. Terrys siebenundzwanzig Fuß lange, weiße Jacht, die *William Kidd* lag höchstens noch fünfzig Yards backbord voraus und hüpfte wie ein Drachen am Seil auf den Wellen.

Ich übernahm das Steuer von Charlie und brachte die *Bonita* längsseits zum Stehen. Die *Kidd* war ihr genaues Gegenstück, brandneu, aus Fiberglas, bestens in Schuß, mit Volvomotor und einer geräumigen Kabine. Baggers Gant, ein sturer Bursche aus Ohio, der im Winter mit Terry in den Ölfeldern arbeitet und im Sommer als sein Gehilfe und Sicherheitsbegleiter bei ihm bleibt, warf Charlie eine Leine zu. Wir vertäuten die Boote in etwa zehn Yards Abstand miteinander.

»Was ist passiert?« rief ich.

»Weiß ich auch nicht«, rief Terry zurück. »Wir sind ohne Probleme in den Passagiersalon gekommen, haben die blöde Tafel gefunden und knapp die Hälfte der Schrauben herausdrehen können. Ich sah, daß wir in jedem Fall noch einmal tauchen müßten, also gab ich Harvey ein Zeichen, daß die Zeit drängte, und machte mich auf den Rückweg. Ich dachte, er wäre gleich hinter mir. Baggers ist zu einem der Salonfenster hinübergeschwommen und hat ihm Lichtsignale gegeben, aber wir konnten drinnen nichts erkennen und hatten auch nicht genug Luft, um nochmal zurück zu können.«

»Warum ist er dir nicht gefolgt, nachdem du ihm Bescheid gegeben hast?«

»Woher zum Teufel soll ich das wissen«, rief Terry wütend. »Vielleicht hat er gemeint, die restlichen Schrauben noch selbst lösen zu können, und die Zeit zu knapp bemessen, die er für den Rückweg brauchen würde. Ich weiß es einfach nicht. Er hatte nicht viel dafür übrig, auf Anweisungen zu reagieren, das kann ich dir sagen.«

»Wie ist es da unten?«

»Schlimm«, schrie Terry. »Das Gewicht ihrer Fracht drückt allmählich ihre Aufbauten zusammen. Der Durchgang und der Salon sind voll von irgendwelchem Mist, und all das Zeug löst sich, weil die Wände immer mehr eingedrückt werden. Alles ist von einer zwei Inch dicken Schicht Schlamm überzogen, die jedesmal aufgewirbelt wird, wenn du sie von der Seite anschaust. Was Schlimmeres habe ich noch nicht gesehen.«

»Wie komme ich in den Durchgang?«

»Du kannst der Senkleine folgen. Wir haben sie an die Reling neben dem Eingang zum Hauptdeck gebunden. Von da aus führt dich eine weitere Leine in das Innere.«

»In Ordnung«, nickte ich und zog meinen Neopren-Helm über. »Ich gehe jetzt runter, aber mir fehlt noch ein Hintermann.«

»Ich komme schon«, sagte Terry. »Mein Zeug ist noch–«

»Nein«, sagte Bauer, »Baggers kann mitgehen.«

»Hör mal, Charlie –«, hob Terry an.

»Schon gut, verdammt!« unterbrach ich sie. »Es ist mir völlig gleich, wer folgt. Hauptsache, jemand ist mit einer Leine zur Stelle, wenn ich herauskomme. Und bewegt euch ein bißchen. Wenn uns der Sturm hier überrascht, können wir höchstens nach Hause schwimmen. Charlie, hilf mir mal mit den verdammten Flaschen.«

Das dunkle Wasser der Huron Bay schloß sich über mir in einer sanften grünen Explosion. Das Gewicht der Gasflaschen verwandelte sich in einen leichten Auftrieb, und ich fühlte mich nur leicht von meinem Ballastgürtel nach unten gezogen, während ich die Luftzufuhr noch einmal überprüfte und die Leine ergriff, die von der *Kidd* in die Unendlichkeit unter mir führte.

Ich begann, langsam an der Leine entlang abwärts zu schwimmen, glitt vorsichtig durch einen trüben, grünen Nebel und pausierte alle fünfzehn oder zwanzig Fuß, um mir die Nase unter der Taucherbrille zuzuhalten und zu schlucken, um meine Ohren an den Druckunterschied zu gewöhnen. Wegen des Wetters oben war die Sichtweite heute besonders gering, und nach kaum fünfzig Fuß konnte ich weder die Boote über mir erkennen, noch irgend etwas unter mir. Ich sah nur die Nylonleine, die blaß wie ein weißer Zwirn abwärts in den Nebel führte. In dieser Tiefe gab es natürlich nur noch wenige Fische, klein und undeutlich huschten sie durch den grünen Dunst, zum größten Teil mit mir nach unten – ein sicheres Zeichen dafür, daß oben ein schwerer Sturm bevorstand.

Bei hundert Fuß machte ich eine längere Pause und überprüfte noch einmal schnell meine Ausrüstung; teils wegen der Sicherheit, teils, um mich daran zu erinnern, daß ich mich in einer fremden, feindlichen Umgebung befand, ganz gleich, wie anheimelnd sie auf mich wirken mochte. Das ist ein Spiel, das alle Taucher kennen. Tiefes Wasser kann einen locken wie die Sirenen der alten Zeit, aber es gibt nur einen Weg, hier wirklich zuhause zu sein. Der, den die *Queen* genommen hatte. Und jetzt Harvey.

Ich machte mich wieder auf den Weg. In dieser Tiefe lag die Temperatur etwa bei zehn Grad Celsius und fiel noch weiter. Mein Viking-Anzug, der oben so ausgebeult ausgesehen hatte, lag hier dicht an wie eine zweite Haut, durch den Druck angepreßt. Ein dünner Taucheranzug würde hier unten ungefähr so dick sein wie eine Plastikmülltüte, und auch ungefähr so nützlich. Plötzlich griff ich instinktiv nach der Leine, weil mich ein dunkler Schatten erschreckt hatte, der aus dem Schlamm groß und formlos heraussah und sich unter mir erstreckte, so weit ich sehen konnte. Die *Queen of Lorraine*.

Sie lag kieloben, im Schlamm vergraben. Ihr vorderer Rumpf ragte, gestützt durch die Aufbauten, im Gegensatz zum Heck, über dem Seegrund auf wie ein Berg. Große Flecken aus Algen klebten auf ihrer Metallhaut und gaben ihr ein kränkliches Aussehen. Aber abgesehen davon konnte ich keinen Rost sehen, kein Zeichen der Auflösung. Sie war der Zeit enthoben, lag unverändert da seit der schrecklichen Novembernacht, in der sie vom Bug der *Halmstad* tödlich verletzt worden und gesunken war, nur Minuten vom rettenden Norduferentfernt.

Ich schaltete meine Helmlampe ein, und das große Schiff verschwand, als der Lichtschein das aufgewühlte Wasser um mich herum milchig werden ließ und die Sicht auf acht oder zehn Fuß beschränkte. Augenblicke später tauchte die *Queen* wieder auf, während ich der Leine weiter folgte, vorbei an dem Leck an der Seite des Schiffs. Es schien kaum vorstellbar, daß dieses Loch groß genug gewesen sein sollte, so einem Schiff den Rest zu geben; allenfalls fünfzehn Inch im Durchmesser, aber das Schiff war in einem unglücklichen Winkel getroffen worden. Als der Kapitän sie in einem letzten verzweifelten Versuch auf das Ufer zusteuerte; hatte ihre eigene Kraft das Wasser in einem Sturzbach hereingetrieben. Dann war sie gekentert. Und gestorben. Bei alldem wirkte sie so unberührt durch die Zeit, als wäre sie erst vor ein paar Stunden auf den Grund gesunken, nicht schon vor zwanzig Jahren.

Harvey hatte seine Schwimmflossen sauber an der Reling des Hauptdecks festgebunden, nur ein paar Fuß von dem Enterhaken am Ende der Senkleine der *Kidd* entfernt. Eine zweite, noch dünnere Leine führte quer über das Deck und verschwand in einer offenen Tür.

Es war schon ein komisches Gefühl, vom Hauptdeck auf die Brücke und das Ruderhaus *hinunter*zusehen. Die Masten der *Queen* hatten sich in den Schlamm gebohrt, und ihre Schornsteine waren abgeknickt. Aber ihre Aufbauten schienen im großen und ganzen unversehrt fünfzehn bis zwanzig Fuß über dem Boden zu schweben.

Eine flüchtige Bewegung unten lenkte meinen Blick auf sich. Die Tür des Ruderhauses bewegte sich; sie schwang sanft mit der Strömung. Um die Klinke herum war die Tür aufgebogen und die Kratzer auf dem Metall glänzten noch. Das war nicht vor zwanzig Jahren passiert. Die Spuren waren frisch.

Ich schlüpfte aus meinen Schwimmflossen und band sie neben Harveys fest, eine feste Regel für Höhlentaucher – wer auch immer mir folgte, würde wissen, daß schon jemand im Wrack war. Die Flossen würden mir da drin sowieso nichts nützen. Innerhalb eines Wracks kann man sich nur sehr langsam bewegen. Sich in einem losen Schlauch zu verfangen oder mit dem Kopf anzustoßen, kann tödlich sein, außerdem wirbeln die Flossen den Schlamm auf und verschlechtern noch die Sicht.

Neben Terrys Leine band ich meine eigene fest. Sie würde sich automatisch von der Sicherheitsrolle an meinem Gurt abwickeln. Ich konnte natürlich Terrys Leine folgen, aber ich wußte nicht, was am anderen Ende war, und Harvey hatte sie offensichtlich nicht viel genützt.

Mit einer Hand hielt ich mich an Terrys Leine fest und schwamm vorsichtig auf den Eingang zu. Das Gewicht des riesigen Schiffs mit der Stahlladung, die über mir hing, erinnerte mich einmal mehr an den Druck, der in dieser Tiefe herrschte. Jede Naht meines Anzugs, jede Falte würde einen Abdruck auf meiner Haut hinterlassen, der stundenlang bleiben würde. Selbst Geräusche werden so tief unten komprimiert. Das Motorengeräusch eines vorüberfahrenden Frachters würde sich hier wie eine Kreissäge anhören, und das sonst so wohltuende Gurgeln der ausströmenden Luft wird zu einem Quietschen. Oder einem Schreien.

Der Eingang wimmelte von Dornhaien. Es mußten Dutzende der drei bis vier Fuß langen Fische sein, deren häßliche, mit Fühlern versehene Köpfe im Verhältnis zu den glitschigen, ledernen Körpern viel zu groß schienen. Wenn der Sturm kam, würde das Wrack von ihnen überschwemmt werden. Für Menschen sind sie harmlos, nur kleinen Krebsen kann das kleine Gebiß verhängnisvoll werden. Aber sie folgen einem durch das trübe Wasser wie ein ungestalter Unterseegeist und durchforschen den aufgewühlten Schlamm.

Ich hasse diese verdammten Biester.

Wut durchlief mich wie ein Stromschlag. Wut auf mich selbst, daß ich mich von Charlie Bauer hatte beschwatzen lassen, auf Harvey, daß er hier unten umgekommen war, und vor allem Wut auf den Kapitän des schwedischen Frachters, der die *Queen* gerammt hatte.

Ich schob mich durch den Eingang, die Stöße und das Vorbeistreifen der Fische nicht achtend, die mir ungeschickt auszuweichen versuchten. Ich hatte eine Art Vorraum erreicht. Metalltreppen führten auf- oder besser gesagt, abwärts zur Brücke und in den Maschinenraum und die Fraoträume über mir. Ich folgte der Leine durch eine zweite schwere Stahltür und hielt an.

Himmel, was für ein Chaos.

Ich war in den zentralen Durchgang des Schiffes gelangt, der durch dessen ganze Länge führte. Die *Queen* war das Flaggschiff der Deveraux-Flotte gewesen; ein Frachter zwar, aber mit großzügiger Ausstattung für leitende Firmenangestellte und deren Gäste, wenn auch zum Glück keine Passagiere an Bord gewesen waren, als das Schiff sank. Die stählernen Innenwände waren mit dunkel gebeiztem Holz verkleidet worden, an dem im Abstand von zehn Fuß Leuchter angebracht waren. Aber das Gewicht der von oben drückenden Fracht hatte inzwischen die Wände so sehr verbogen, daß ein großer Teil der Dekoration aus den Halterungen gerissen war, die jetzt wie Greifhaken aus der Wand hervorstarrten. Zersplitterte Bretter und Verschalungen hingen in den verschiedensten Winkeln herunter, jede mit einer Reihe langer Nägel. Das Ganze wirkte wie ein Stachelbeerstrauch. Die meisten Kabinentüren waren entweder ganz herausgerissen oder in zwei Teile gespalten. Auch über mir hatten die Bodendielen sich gelöst und hingen herab wie stachelige Tentakeln. Und dazwischen schwammen die Haie und lutschten voller Gier den Schlamm aus, den Harvey und Terry aufgewühlt hatten.

Terry hatte recht. Etwas Schlimmeres hatte ich auch noch nicht erlebt. Und wenn nicht irgendwo am anderen Ende der Leine Harvey gewesen wäre, nie wäre ich auch nur einen Inch weiter geschwommen. Aber er war nun mal dort. Und Terry hatte es schließlich auch geschafft, heil herein- und wieder herauszukommen.

Ich sah auf die Uhr. In der einen Flasche noch Sauerstoff für zehn, in der anderen für fünfzehn Minuten. Reichlich Zeit. Es gab keine Ausrede. Leise fluchend bewegte ich mich an der Leine entlang tiefer in den Gang hinein. Aber ich schwor mir, sollte ich je wieder lebendig hier herauskommen, würde ich Charlie Bauer mit seinem eigenen Schlagstock verprügeln, vorausgesetzt, ich fand eine Möglichkeit, ihn festzubinden.

Der Gang war nicht ganz so gefährlich, wie er mir zuerst erschienen war. Die Hindernisse waren schon bösartiger Natur, aber sie lagen weiter auseinander, als vom Eingang aus zu vermuten war. Wenn ich mich langsam fortbewegte, kam ich gut durch. Die ersten dreißig Fuß durchmaß ich ohne Probleme. Aber dann verschwand alles um mich her.

Ich war in eine dunkle Schlammwolke geraten. Das mußte das Ende des Durchgangs sein. Hier bewegten sich noch mehr Fische als hinten. Terrys Leine führte weiter, also mußte ja wohl irgend etwas dahinter sein. Wahrscheinlich der Salon. Aber sehen konnte ich nichts mehr. Großartig.

Ich bewegte mich jetzt langsamer fort, Inch für Inch, im Krabbeltempo durchquerte ich die Wolke. Ich konnte gerade noch eine Armlänge, vielleicht weniger weit sehen. Nur die Leine war zu erkennen, ab und zu auch ein Trümmerstück der Wandverkleidung, dann wieder ein Fisch, der blind gegen mich anstieß. Und dann erreichte ich das Ende der Leine.

Sie war an einen Türknauf am Ende des Ganges geknotet und hielt die Tür auf. Überraschend befiel mich Erleichterung darüber, daß ich den Gang hinter mir hatte und daß die Tür offen stand. Vielleicht waren Bauers Verdächtigungen ja ansteckend; ein wenig Angst, daß sie verschlossen sein könnte, hatte ich schon gehabt.

Die Einrichtung des Salons war noch vollständiger verwüstet als der Flur. Langsam sah es so aus, als ob Harvey einen typischen Anfängerfehler gemacht hätte. Er hatte den Kontakt zur Tür verloren. Mein Problem war, daß der Hauptsalon so riesig und mit etlichen Nischen und all den Trümmern ziemlich unübersichtlich war. Überall dort drin konnte er sein.

Immer der Reihe nach. Sie hatten sich an die Widmungstafel gemacht, und die hing direkt gegenüber der Tür. Ich schlug eine Schlaufe meiner eigenen Leine um den Türknopf und schwamm hinein.

Der Raum war eine einzige Müllhalde, Tische und Stühle, Dielen,

Bücherregale lagen aufgelöst und zertrümmert auf der Decke unter mir. Sie waren von einer feinen Schlammschicht bedeckt, die ich unweigerlich aufwirbelte und verrührte, während ich mich langsam darüber hinweg bewegte. Das Licht meiner Helmlampe wurde von einem geborstenen Kronleuchter unter mir gebrochen reflektiert. Bizarr glitzerte er einen Moment lang wie ein Haufen Diamanten.

Ich mußte zugeben, daß die Tafel eindrucksvoll war. Drei Fuß maß sie im Quadrat und war aus gehämmerter Bronze. Auf ihr waren die Offiziere und Schiffskapitäne der Firma aufgelistet, darunter befand sich ein Bas-Relief der *Queen* selbst. Das mußte selbst 1926 einen Batzen gekostet haben. Sie war mit einem Dutzend Messingschrauben an der Wand befestigt. Acht davon waren bereits abgeschraubt und sauber in einem Beutel unten auf der Salondecke deponiert worden, die neunte war zur Hälfte gelöst.

Aber kein Harvey war zu sehen. Keine Spur von ihm. Ich sah wieder auf die Uhr. Vier Minuten hatte ich gebraucht, um zur *Queen*, weitere vier Minuten hatte ich gebraucht, um durch den Gang bis hierher zu kommen, machte hin und zurück mindestens sechzehn Minuten, und ich hatte Sauerstoff für insgesamt dreißig Minuten. Schnell. Ich mußte ihn möglichst schnell finden.

Ich versuchte, mich zu konzentrieren und mich an seine Stelle zu versetzen. Ich finde die Tür nicht wieder, mir geht allmählich die Luft aus, ich – sein Licht! Sein Sauerstoff mußte längst verbraucht sein, aber seine Helmleuchte würde sicher noch funktionieren. Ich zog ein paar Fuß meiner Leine ein, bis ich wieder über dem Kronleuchter in der Mitte des Raumes war. Dann schaltete ich meine Lampe aus. Und wartete ab.

Nach etwa einer Minute begannen die Wände blaß zu leuchten, und ich konnte das milde Grün des Sees durch die Bullaugen sehen, vier auf drei Seiten des Raumes. Und zu meiner Rechten ein helleres, gelbliches Leuchten. Ich hielt so genau wie möglich darauf zu und schaltete meine eigene Lampe wieder ein, während ich vorsichtig in die Richtung schwamm, in der ich das Licht gesehen hatte.

Er lehnte an der Außenwand, seine Maske an die Scheibe eines Bullauges gedrückt. Vielleicht hatte er versucht, es zu öffnen, obwohl das Bullauge in jedem Fall zu klein gewesen wäre, um durchzukommen, selbst wenn man die Gasflaschen abgelegt hätte. Oder vielleicht hatte er Terrys und Baggers Lichtern nachgesehen, als sie langsam an der Leine nach oben glitten und ihn zurückließen, oder . . .

Das war jetzt ja auch egal. Ich drehte ihn vorsichtig um. Er starrte mich durch seine Maske an, aber in seinen Augen war kein Leben und kein Ausdruck. Er war tot. Seine Ausrüstung war in Ordnung, es gab kein Anzeichen für irgendwelche Gewaltanwendung. Ich hatte auch nichts dergleichen erwartet, aber Bauer würde mich bestimmt danach fragen, also sah ich nach.

Zeit, mich auf den Rückweg zu machen.

Ich öffnete das Ventil an seiner Schwimmweste, gerade so lange, daß er etwas Auftrieb bekam. Dann rollte ich ein paar Fuß der Rettungsleine von seinem Gürtel ab, die er nicht benutzt hatte, und knotete sie an meinen Ballastgürtel. Ich versuchte, die Tür zu erkennen, aber das Wasser war zu aufgewühlt, und ich konnte keine drei Fuß weit sehen. Also entriegelte ich meine Leine und rollte sie langsam auf, um ihr zur Tür zu folgen.

Es ging nur langsam vorwärts. Harvey zog an mir wie ein schwerer Hochseeanker. Totes Gewicht. Und weil ich nicht gut sehen konnte und Harvey gar nichts mehr sah, stieß er dauernd irgendwo an. Zweimal blieb er an vorstehenden Brettern hängen, aber ich konnte ihn freibekommen, indem ich vorsichtig an seiner Leine zog. Dann, als wir der Tür schon ziemlich nahe gekommen waren, verfing er sich in einem Gewirr von Kabeln und ich mußte zurück, um ihn freizubekommen, wobei nicht nur wertvolle Zeit verloren ging, sondern ich mir auch noch den rechten Handballen aufschlitzte. Ich fluchte über mein Pech, auf Harvey und diese ganze verfluchte Mausefalle von einem Schiff. Dabei bewegte ich mich schon wieder auf die Tür zu – und plötzlich starrte mich aus dem Nichts ein Gesicht an.

Seine Haut war verquollen und grau, seine blinden Augen milchigweiß, die Zähne entblößt im Todeskampf. Seine Uniformjacke war zerfetzt und ließ eine schreckliche Wunde erkennen, verklebt mit geronnenem Blut und vorstehenden Knochensplittern.

Und ich drehte durch. Und haute ab.

Oder ich versuchte es wenigstens. Ich strampelte rückwärts, erstickte einen Schrei unter meiner Maske, schob Harvey beiseite und kletterte ziellos durch die Trümmer auf der Decke, so sehr in Panik versetzt, daß ich sogar das Schwimmen vergaß. Aber Harveys Leiche blieb wieder in dem Kabelgestrüpp hängen und riß mich seitwärts in einen Wirrwarr von zertrümmerten Möbeln. Ein brennender Schmerz explodierte oberhalb meines Herzens, als sich irgend etwas durch meinen Anzug und tief in meine Brust bohrte. Bis auf den Knochen. Sofort, instinktiv wußte ich, daß ich schwer verletzt war. Vielleicht tödlich. Eiskaltes Wasser drang durch das Loch ein und trieb wie ein zweiter Schlag das bißchen Luft aus mir heraus, das noch in meinen Lungen gewesen war. Mein Bewußtsein geriet außer Kontrolle, flatterte herum wie die Küchenschabe auf der heißen Herdplatte. *Aus* schrie es in mir, *er ist tot, tot, bloß weg, aus, es ist aus!* ich umfaßte den Speer in meiner Brust mit beiden Händen und zog ihn heraus.

Ein Tischbein. Ein abgebrochenes Tischbein. Verständnislos starrte ich darauf, während durch den Riß in meinem Anzug Blut austrat und in dem dreckigen Wasser Wolken bildete. Ich war in ein Tischbein gestürzt und hatte mich selbst aufgespießt. Auf einem Tischbein. Und jetzt mußte ich sterben. Ich hatte eine Leiche gesehen und war durchgedreht. Eine Leiche. Sonst nichts. Er war tot, und tot ist tot.

Und nun hatte er mich auch umgebracht.

Nein, ich hatte mich umgebracht. War durchgedreht. Und hatte mich verletzt. Und meinen Anzug zerrissen. Aber noch schlimmer war – ich hatte die Leine losgelassen. Ich sollte hier unten sterben. Wie Harvey, wie... der andere. Weil ich einfach die Nerven verloren hatte. Weil ich die Tür nicht mehr finden konnte. Wie ein Anfänger, so ein gottverdammter Hobbytaucher. Ich war hinter Harvey hergetaucht, und jetzt würde jemand nach mir tauchen müssen. Hätte mich das wütend machen sollen? Irgendwie war es mir nicht mehr wichtig. Das wenige, was ich vom Raum sehen konnte, flimmerte und wurde zusehends blasser, je mehr Blut aus meiner Brust strömte und je mehr mein Bewußtsein sich trübte, und ich fiel tief und tiefer in den Dezember hinein.

Jemand tippte mir auf die Schulter.

Das nackte Entsetzen durchzuckte mich, ich kam zu mir und versuchte, wegzukommen. Aber es war nur ein Dornhai gewesen. Ein kleiner Hai. Und ich war nicht tot. Noch nicht. Noch nicht ganz, aber fast.

Die Wunde in meiner Brust wurde langsam taub, betäubt vom Eiswasser. Es tat nicht mehr so weh, und ich freute mich darüber. Vielleicht würde mir das Sterben gar nicht so schwer fallen, aber...

Ich wollte nicht hier drin sterben. An diesem schrecklichen Ort, der schon Harvey das Leben gekostet hatte, mit all dem Schlamm und diesen Biestern um mich herum und mit *ihm*. Draußen im Gang würde es vielleicht nicht so schlimm sein. Die anderen könnten sehen, daß ich es wenigstens versucht hatte, wenn ich es bis dahin schaffen würde. Ich war hierher gekommen, um Harvey herauszuholen. Soviel konnte ich wenigstens tun. Vielleicht war es leichter, ohne ihn zu schwimmen. Aber wenn ich davor Angst hatte, hier zu vermodern, dann mußte

Harvey die gleiche Angst gehabt haben. Es wäre falsch, ihn dort zurückzulassen. Und Harvey tat sein Bestes. Er hatte sich allein aus den Drähten befreit.

Ich überprüfte die Sauerstoffanzeige, aber die Zahlen ergaben keinen Sinn für mich. Das war ja auch egal. Wir waren ohnehin verloren. Aber irgendwie mußten wir zur Tür kommen. Wenn ich eine Wand finden würde, könnte ich ihr bis zur Tür folgen. Aber ich wußte nicht, wie groß der Raum war, und es gab noch andere Türen hier. Wenn wir in einen anderen Raum gerieten...

Oder sollte ich mich damit begnügen, ein Bullauge ausfindig zu machen, um einen letzten Blick auf die Welt draußen zu werfen, wie Harvey es getan hatte? Die Fenster. Das war eine gute Idee. Wenn ich die Bullaugen finden könnte...

Es war sehr schwer, meine Helmlampe auszuschalten. Vielleicht ist mir nie im Leben etwas schwerer gefallen. Aber ich habe es geschafft. Und wir warteten im Dunkeln. Und nach einer Weile konnte ich das blasse Glühen der Bullaugen wieder sehen. Vier von ihnen zur rechten, vier weitere, noch viel blasser, vor mir und zu linken. Und dazwischen war es dunkel.

Ich hielt mich an die dunkle Fläche, schaltete die Helmlampe wieder ein und schwamm langsam in die Dunkelheit, während Harvey mir treu hinterherschwamm. Und wir fanden die Tafel. Und die Tafel hing genau gegenüber der Tür.

Sorgfältig erklärte ich Harvey unsere Lage. Wir mußten geradeaus schwimmen. Meine Brust schmerzte schrecklich, und mein rechter Arm ließ sich nicht richtig bewegen. Er mußte mir helfen. Und falls wir wieder mit *ihm* zusammenstoßen sollten, durften wir diesmal keine Angst haben. Er konnte uns nichts mehr tun. Tot ist tot. Wir mußten genau geradeaus schwimmen.

Wir stemmten die Füße gegen die Tafel und stießen uns ab, um zur Tür zu schwimmen. Und wir sahen *ihn* wieder. Mehrmals sogar. Nur, daß er uns nicht mehr erschreckte. Er bat uns, auf ihn zu warten. Es gefiel ihm dort genauso wenig wie uns. Er gehörte nicht hierher. Er wollte mit uns kommen. Aber wir konnten ihn nicht mitnehmen. Ich komme wieder und hole dich, versprach ich ihm. Ich verspreche es dir. Aber jetzt können wir nicht warten. Wir müssen geradeaus schwimmen.

Und das taten wir. Besser gesagt, Harvey tat es. Ich schwamm gegen die Wand, aber Harvey trieb an mir vorbei und hinaus und zog mich hinter sich her durch die Tür.

Im Gang war es schlimmer als auf dem Hinweg. Harvey hielt uns immer wieder auf, stieß irgendwo an, blieb an Nägeln hängen. Ich sagte ihm, daß er das lassen soll, aber er hörte nicht auf mich. Jedesmal mußte ich ihn mit einem Ruck befreien, bevor ich ihn weiter hinter mir herziehen konnte.

Aber wir waren zu langsam. Die Sauerstoff-Flaschen gaben schon ihren Geist auf, als wir gerade im Vorraum angekommen waren. Ich versuchte, noch langsamer zu atmen, um länger etwas davon zu haben, aber es war zu spät. Zu spät. Und ich schrie Harvey zu, daß wir keinen Sauerstoff mehr hätten. Wir mußten jetzt auftauchen. Und sobald wir die äußere Tür passiert hatten, zog ich ihn dicht an mich, riß an der Strippe seiner Schwimmweste, und er schoß hinauf zur Oberfläche, mich im Schlepptau, dem Licht schneller und schneller entgegen.

Und dann war auf einmal Terry da. Er stand mit dem Rücken zu mir und starrte durch das Fenster hinaus ins Dunkle. Ich wollte ihn fragen, ob mit Harvey alles in Ordnung sei, aber die Schmerzen in meiner Brust waren zu groß.

Und dann war Nachmittag. Eine Krankenschwester war bei mir. Und sie fragte mich, wie ich mich fühlte. Ich antwortete, mir wäre, als hätte mich ein Bär gefressen und an den Straßenrand geschissen. Sie lächelte und ging kopfschüttelnd hinaus. Und nach einer Weile kam Charlie Bauer herein.

»Hey, Mitch«, sagte er und warf seine Dienstmütze aufs Bett. »Wie geht's dir? Lebst ja noch!«

»Da bin ich nicht so sicher«, sagte ich offen. »Was ist denn passiert?«

»Was passiert ist? Du hast mir einen Schrecken eingejagt, daß ich zehn Jahre gealtert bin, das ist passiert. Kamst da aus dem Wasser hochgeschossen mit Addisons Leiche, als wärst du so eine gottverdammte ferngesteuerte Rakete... Dabei hast du geblutet, als ob du...« Er fuhr sich mit seiner fleckigen Pfote durch das dünne Haar. »Mitch, was zum Teufel ist da unten geschehen? Gott, sie haben dich mit zwanzig Stichen nähen müssen, bis du wieder beieinander warst. Du hattest die Luftdruck-Krankheit, weil du so schnell hochgekommen bist. ... Du hättest daran sterben können. Was ist passiert?«

»Es war chaotisch da unten«, sagte ich einfach. »Ich habe Harvey gefunden, aber selbst die Tür verloren. Und dann habe ich irgendwas gerammt. Ich glaube, ein Tischbein. Wirklich blöd.«

»Ist es das, was mit Addison passiert ist? Du meinst, er hat einfach den Kontakt zur Tür verloren und nicht mehr herausgefunden?«

»Ich hatte sehr viel mehr Erfahrung als er, und mir ist das gleiche passiert.«

»Aber du bist herausgekommen«, sagte Charlie.

»Wir haben Glück gehabt«, sagte ich. »Harvey hat mir geholfen, hinaus zu finden.«

»Ja, äh«, er schien sich nicht recht wohl zu fühlen. »So wird es gewesen sein.«

»Schon gut«, beruhigte ich ihn und lächelte. »Ich bin nicht durchgedreht. Da unten war es zum Schluß ziemlich verrückt, das ist alles.«

»Ja, kann ich mir vorstellen. Ach ja, ich frage dich das nur ungern, aber – du hast immer wieder gesagt, da unten wäre noch jemand. Wir sollten ihn heraufholen, hast du verlangt.«

»Da ist noch ein Toter«, antwortete ich zögernd. »Einer von der Mannschaft der *Queen*.

»Ich dachte mir schon, daß es so sein müßte«, sagte er. »Das schien dir sehr wichtig zu sein. Verständlich. Du hast gesagt, ihr hättet euch unterhalten?«

»Hab ich das? Nun, vielleicht haben wir uns unterhalten. Vielleicht können wir, wenn der Sturm vorüber ist...«, ich unterbrach mich verwirrt und starrte durch das Fenster. Es war später Nachmittag. Und die Sonne schien. Charlie beobachtete mich gespannt. »Wie, äh, wie lange liege ich hier schon?« wollte ich wissen.

»Drei Tage. Du hattest eine Menge Blut verloren. Der Sturm hat sich schon gestern wieder gelegt. Heute morgen habe ich Bill Atkins und ein Team der freiwilligen Küstenwache zur *Queen* hinuntergeschickt. Hat dir Terry das nicht erzählt?«

»Ich habe noch nicht mit ihm gesprochen. Ich meine, er ist zwar hiergewesen, aber...«

»Er ist fast die ganze Zeit bei dir geblieben. Er war selbst kurz vor dem Zusammenbruch. Hat gesagt, wenn du es nicht überstehst, bringt er mich um, weil ich dich da runtergeschickt habe. Ich glaube, es war ihm ernst damit.«

»Hat Atkins den Toten gefunden?«

»Nein«, seufzte er. »Hat er nicht. Sie haben eigentlich kaum noch etwas gefunden. Während des Sturms muß sich die Fracht der *Queen* losgerissen haben und ist durch alle Decks gebrochen. Es ist nichts mehr unten als der Rumpf und zwanzigtausend Tonnen gewalzten Stahls, die sich in den Grund gegraben haben.«

»Nein«, sagte ich leise. »Das ist nicht richtig. Ich habe ihm doch gesagt, ich würde ihn da rausholen.«

›Du, hm, du solltest vielleicht ein bißchen schlafen«, sagte Charlie und nahm seine Mütze. »Hör mal, ich möchte, daß du weißt, wie leid mir das alles tut, Mitch. Wenn ich eine Ahnung hätte, wie ... Jedenfalls, du hast noch was gut bei mir. Und nicht zu knapp. Ich werde das nicht vergessen.«

»Weiß ich«, sagte ich. »Ich vergesse es auch nicht. Ich habe es versprochen.«

Terry kam, kurz nachdem Bauer gegangen war. Er sagte, er müsse jetzt fort, irgend etwas wegen Harvey, aber ich war völlig kaputt und verstand ihn nicht so recht.

Zwei weitere Tage vergingen, bis ich mich wieder wie ein Mensch fühlte. Ich war noch immer etwas wacklig auf den Beinen, aber ich hatte genug von Krankenhauszimmern. Und außerdem hatte ich noch etwas zu erledigen.

Ich rief Sharon Hess an, eines der Barmädchen vom Nest, und bat sie, mich zum Deveraux-Institut zu fahren. Sie versuchte ihr bestes, mich davon abzubringen, aber sie willigte ein, nachdem ich ihr versprochen hatte, mich danach wieder zuhause ins Bett zu packen. Ich sagte ihr, ich würde mir ein Taxi rufen, wenn ich dort fertig war, aber sie bestand darauf, zu warten, und ich hatte nicht mehr die Kraft, noch einmal mit ihr zu diskutieren.

Ich mag das Deveraux-Institut. Es ist eine Kombination aus Forschungsbibliothek und nautischem Museum, die den größten Teil eines Häuserblocks in der Innenstadt von Huron Harbor einnimmt und inmitten eines Geländes liegt, das Jasons Vater der Stadt als Park gestiftet hat. Es ist ein schönes Gebäude, modern, offen, mit viel Glas, aber für die Schaukästen und Regale ist auch reichlich Holz verarbeitet worden. Und selbst in der Bibliothek sind die Wände mit großen Ausstellungsstücken geschmückt, lauter historischen Relikten der Schiffahrt auf den Großen Seen, von Kanu-Paddeln bis zu einem Längsschnitt durch die Turbine der *Edmund Fitzgerald*.

Zehn Minuten verbrachte ich am Datengerät der Bibliothek, machte mir eine Liste und ging damit zum Tresen. Das Mädchen dahinter, jung, mit Hautproblemen und einem Mund voller Spangen, überflog die Liste.

»Sind Sie Historiker?« fragte sie. »Stehen Sie mit dem Institut in Verbindung, meine ich?«

»Mein Name ist Mitchell«, erwiderte ich. »Ich bin mit Bergungen für Mr. Deveraux beauftragt.«

»Oh«, meinte sie, und ihre Miene hellte sich auf. »Ich bin sicher, daß das in Ordnung geht. Bei einigen Büchern ist der Leserkreis eingegrenzt worden, aber wenn das so ist...« Sie verschwand zwischen Regalen und unterhielt sich weiter mit sich selbst.

Ich sah mich im Raum um, während ich auf sie wartete. Ich war natürlich schon oft hier gewesen, aber ich hatte nie bewußt gesehen, wie viele Ausstellungsstücke sie hier hatten.

»Da wären wir wieder«, gab sie bekannt und legte einen kleinen Stapel Bücher auf den Tresen. »Aber ich fürchte, die meisten sind Präsenzbestand. Sie werden sie hier lesen müssen.«

»Kein Problem«, sagte ich. »Aber ich frage mich, ob Sie mir noch bei etwas anderem helfen können. Wenn das Institut irgendein neues Stück erwerben würde, wo würde das ausgestellt werden?«

Mit ausdruckslosem Gesicht sah sie mich an. »Das weiß ich beim besten Willen nicht«, sagte sie. »Unten im Keller sind noch etliche große Lagerräume voll mit Sachen, die wir aus Platzmangel nicht ausstellen können.«

»Verstehe«, sagte ich und nahm meine Bücher.

»Aber trotzdem schaffen sie noch dauernd neue Sachen heran«, fügte sie auskunftsfreudig hinzu. »Die Familie ist ja ziemlich reich.«

»Ja«, sagte ich, »davon habe ich schon gehört.«

Sein Name war Stanley Joseph Maycheck. Ich fand ein Bild von ihm. Er posierte steif in einer Gruppe von Offizieren bei Soo Locks, 1964. Er sah sehr viel jünger und gesünder aus als bei der Gelegenheit, bei der wir uns kennengelernt hatten. Er war Zweiter Maat auf der *Queen of Lorraine*, 1963 hatte er angeheuert. Er hatte eine Frau und zwei Kinder in Saginaw, und seine Eltern lebten noch, besser gesagt, hatten noch gelebt, als die *Queen* unterging. Sein Bild schien sich zu wellen und verschwamm einen Moment lang vor meinen Augen.

»Es tut mir leid«, sagte ich sanft. »Es tut mir schrecklich leid.«

Die Bibliothekarin starrte mich an, dann sah sie schnell weg. Das war mir egal. Sein Name war Stanley Joseph Maycheck. Und er hatte mir die Wahrheit verraten.

Die nächsten Tage über bin ich nicht zur Arbeit im Crow's Nest erschienen. Ich lümmelte mich auf dem Strand hinter meinem Haus herum, saugte die matte Augustsonne auf und lauschte den Seemöwen und der Brandung. Langsam gewann ich meine Kräfte wieder. Aber irgendwie konnte mich das alles nicht so beruhigen, wie es sollte. In dem nicht nachlassenden Wellenschlag war für mich etwas Drängendes zu hören, vor allem in der Nacht, wenn ich nicht einschlafen konnte oder aus Alpträumen vom Chaos erwachte, an die ich mich nie genau erinnern konnte.

Donnerstag kam ich wieder in die Bar. Aber ich fühlte mich nicht wohl dabei, an der Theke zu stehen und mit den Kunden zu plaudern, so daß ich die meiste Zeit im Büro verbrachte und den angelaufenen Papierkram erledigte. Charlie Bauer kam am ersten Tag vorbei, aber wir hatten uns nicht viel zu sagen, und er blieb nicht lange. Und Samstagnachmittag klopfte Terry kurz an die Tür und steckte dann den Kopf herein.

»Hey, Mitch, schön zu sehen, daß du noch lebst. Wie geht's?«

»Ganz gut. Jedenfalls sehe ich, glaube ich, besser aus als du.«

»Da könntest du recht haben«, sagte er und ließ sich in einen der Kapitänssessel fallen. »Ich habe mir die Hacken abgewetzt. Ich wäre ja schon früher vorbeigekommen, aber Jason hat mich gebeten, Addisons Leiche zurück nach Miami zu begleiten und mit seinen Leuten zu sprechen. Ich war nicht gerade begeistert von der Idee, aber Jason kann ziemlich überzeugend sein.«

»Jason?« sagte ich und hob die Augenbrauen. »Seit wann redet ihr euch mit Vornamen an?«

»Oh, äh, das tun wir neuerdings, hat sich so ergeben«, sagte er und scheiterte bei dem Versuch, nicht eingebildet auszusehen. »Ich habe einige Zeit draußen bei ihnen verbracht. Andrea war ziemlich fertig nach der ganzen Geschichte. Und das ist auch ein Grund dafür, daß ich heute hier vorbeikomme. Sie will dieses Wochenende nach Acapulco fliegen, und es sieht ganz so aus, als ob ich mitfliege.« Er warf einen Schlüsselring auf den Tisch. »Die Werft ist bis Montag geschlossen. Könntest du dich darum kümmern, daß die *Kidd* durchgecheckt und auf Dock gelegt wird? Ich wäre dir sehr dankbar.«

»Ist es nicht ein bißchen früh, sie wegzupacken? Die Saison ist noch nicht zu Ende. Was ist mit deinen Aufträgen?«

»Ich habe alles abgesagt und Baggers den Laufpaß gegeben. Ich äh, werde eine Zeitlang ziemlich viel zu tun haben.«

»Mit Andrea«, stellte ich fest. Fragen mußte ich nicht mehr.

»So sieht es aus. Das macht dir doch nichts aus, hoffe ich?«

»Du und Andrea?« fragte ich. »Nein, überhaupt nichts. Ich denke eher, wir sollten darauf einen trinken. Schenkst du ein?«

»Aber logisch«, grinste er und ging zum Barfach, um uns zwei Gläser Cognac zu holen. »Mensch, das freut mich aber wirklich, daß du es gut aufnimmst. Um ehrlich zu sein, ein bißchen Angst hatte ich schon. Ich meine, wir sind ja schon seit langer Zeit befreundet, aber ich wußte auch, was du für sie empfunden hast, und, na, ist ja egal –«. Er reichte mir das Glas. »Du bist in Ordnung, Mitch. Immer gewesen.«

Ich erhob mich, sah ihn an und erhob mein Glas. »Ein Toast«, kündigte ich förmlich an. »Auf Stanley Joseph Maycheck. Gott gebe seiner armen Seele Frieden.«

»Auf...« Terry führte das Glas nicht bis an die Lippen. »Auf wen? Wer zum Kuckuck ist Stanley – wie hieß er gleich?«

»Du kennst den Namen nicht?« fragte ich. »Solltest du aber. Er ist ein Freund von dir. Er ist der Mann, der dir geholfen hat, Harvey umzubringen.«

Schlagartig wurde er blaß, als wäre er vom Blitz getroffen.

»Wovon redest du überhaupt?«

»Ich rede über Stanley J. Maycheck, den Zweiten Maat der *Queen*. Den Mann, den ich im Salon getroffen habe. Du hättest mich warnen sollen, Terry. Mir wäre nichts passiert, wenn du mich gewarnt hättest.«

»Du bist über eine Leiche gestolpert, als du zurückkommen wolltest«, nickte er. »Aber ich habe dort keine gesehen. Guter Gott, so wie der Salon zugedreckt war, hätte eine ganze Armee sich da versteckt halten können, ohne daß ich etwas gemerkt hätte.«

»Aber daß Maycheck drin war, hast du gewußt«, erwiderte ich. »Du hast ihn ja dahingeschleppt, weil er die Tür bewachen und Harvey nicht herauslassen sollte. Aber er gehörte da nicht hin, Terry. Er hat es mir gesagt.«

»Er hat es...?« plapperte Terry mir nach und starrte mich an.

»Darauf kommt es nicht an«, meinte ich achselzuckend. »Ich wäre auch so dahintergekommen. Er war der Zweite Maat, und das Schiff war gerammt worden. Ich weiß nicht, wo er gewesen ist, als es kenterte, vielleicht unten, um das Leck zu begutachten, oder vielleicht Achterdecks, um die Crew zu warnen. Aber an einem Ort wird er sich ganz bestimmt nicht aufgehalten haben, und das ist ganz vorne im Passagiersalon. Das ist eine Sackgasse, und Passagiere hatten sie auch nicht. Am wahrscheinlichsten scheint mir, daß er Dienst im Ruderhaus hatte. Ich habe bemerkt, daß jemand die Tür aufgebrochen hat. Hast du ihn da gefunden?«

»Das, äh, ist jetzt wirklich nicht mehr wichtig, weißt du«, sagte er beschwichtigend. »Von der *Queen* ist fast nichts übrig geblieben. Keine Möglichkeit... irgend etwas zu beweisen. Hast du schon jemandem davon erzählt?«

»Jetzt erzähle ich jemandem davon«, sagte ich. »Die Wahrheit ist, ich mache mir Sorgen um dich, Terry. Du siehst schlecht aus. Mord ist einfach nicht dein Stil. Ich kann mir nicht vorstellen, daß du damit zurechtkommst.«

»Es war kein Mord«, behauptete er und stürzte den Cognac in einem Zug hinunter. »Es war nur ein Spaß. Es sollte jedenfalls einer sein.«

»Komischer Ort für einen Jux.«

»Ich habe nicht gesagt, daß es ein guter Spaß war. Er – ging daneben, das ist alles.« Er fummelte eine Schachtel Zigaretten aus seiner Jackentasche, zog eine heraus, zündete sie an und inhalierte den Rauch tief. Komisch, ich hatte ihn noch nie rauchen sehen; weder ihn noch irgend einen anderen Taucher. Wir atmen zuviel unserer eigenen Luft wieder ein.

»Wie dem auch sei, du hast recht.« Er nickte. »Wir haben die Leiche zu Anfang der Saison gefunden. Baggers und ich.«

»Und ihr habt sie nicht mit hochgebracht?«

»Wie hätten wir das denn wohl erklären sollen? Wir hatten keine Erlaubnis, nach der *Queen* zu tauchen. Wir hätten im Bau landen können. Wir haben ›Perlen‹ aus dem Steuerhaus geschafft und die Leiche in eine der hinteren Kabinen gebracht, in der Nähe des Salons.«

»Und später hast du dich entschlossen, sie für einen nicht ganz so harmlosen Spaß zu verwenden? Wie in der High-School? Bloß in zweihundert Fuß Tiefe?«

»Verdammt noch mal, du hast Addison nicht näher gekannt«, erklärte Terry wütend. »Er war ein vierzehnkarätiger Aufschneider. Mr. Geldsack, aber mit Andreas Geld. Nur weil er mich für einen Monat gechartert hatte, glaubte er, ich müsse jedes Mal springen, wenn er ›Hey Frosch‹ rief. Besonders wenn Andrea in der Nähe war. Ihr ist er wie ein Schoßhündchen hinterhergedackelt, aber bei uns hat er den großen Boß markiert. Dabei wäre er nicht Manns genug gewesen, mir den Gürtel zu putzen. Er war nichts als ein Tümpeltaucher, und ein schlechter dazu.«

»Du hast ihn umgebracht, weil er ein Tümpeltaucher war?«

»Ich habe ihn überhaupt nicht umgebracht! Er hat sich selbst umgebracht. Weil er die Nerven verloren hat. Woher hätte ich denn wissen sollen, daß er die Tür nicht wieder finden würde? Er hätte herauskommen können. Du hast es auch geschafft.«

»Aber nicht ohne Harveys Hilfe«, klärte ich ihn auf. »Und ich glaube auch nicht, daß du da unten bloß ein Späßchen gemacht hast. Zum Beispiel waren schon zu viele Schrauben aus der Tafel gedreht, Terry. Neun Stück. Und du hattest nur zwölf Minuten Zeit dafür. Selbst Jaques Costeau könnte nicht neun Schrauben in zwölf Minuten herausdrehen. Ich denke, du hast fröhlich bis zur letzten Minute gearbeitet und dich dann davongemacht, ohne Harvey etwas zu sagen, was in dem Dreck ja nicht schwer war. Und dann hast du Stanley hereingeschoben. Und als Harvey merkte, daß du schon fort warst, und dir folgen versuchte, ist er mit Stanley zusammengestoßen. Und wahrscheinlich hat er durchgedreht. Mir ist es so gegangen. Und er hat zu schnell und heftig geatmet, so daß er in ein paar Sekunden den größten Teil seines Sauerstoffs verbraucht hatte. Und spätestens da war er ein toter Mann. Selbst wenn er noch die Tür gefunden hätte, hatte er keine Chance mehr. Gar keine. Und das, Terry, ist kein Spaß, sondern Mord.«

»Hör mal, es tut mir wirklich furchtbar leid, was dir da unten passiert ist«, sagte Terry kalt und drückte seine Zigarette im Aschenbecher auf dem Schreibtisch aus, »aber ich habe dich nicht darum gebeten, dort zu tauchen. Bauer hat dich gebeten. Und was die Schrauben angeht, da mußt du dich irren, wir haben nur drei oder vier herausbekommen, nicht mehr.«

»Tut mir leid, daß du es auf diese Weise versuchst«, seufzte ich. »Ich hatte eigentlich gehofft, ... na ja, ist ja jetzt auch egal.« Ich nahm seinen Schlüsselbund vom Tisch und warf ihn ihm wieder zu. »Ich glaube, du solltest lieber jemand anderen bitten, sich um *Kidd* zu kümmern. Vielleicht einen Freund.«

»Gute Idee«, sagte er gleichgültig. »Das werde ich tun. Aber wenn ich du wär, würde ich die Geschichte für mich behalten.«

»Ich fürchte, dafür ist es schon zu spät«, sagte ich. »Zu viele Leute wissen schon davon.«

»Wer denn noch?«

»Außer dir und mir? Hervey und Stanley Maycheck.«

»Ich glaube, du bist wirklich verrückt.«

»Vielleicht ein bißchen«, gab ich zu. »Aber weißt du, Terry, ein ganzes Leben lang war ich mit dir befreundet. Du wirst mit der Sache nicht fertig. Irgendwann wird sie dich kaputtmachen. Und ich glaube auch nicht, daß du lange das Schoßhündchen spielen darfst.«

»Da sind wir ja endlich beim Kern der Sache«, sagte er, sein Blick starr und ein bißchen fiebrig. »Es geht um Andrea. Das ist es, was dich wirklich aufbringt. Du bist eifersüchtig. Du bist nie darüber hinweggekommen, daß sie dich hat sitzenlassen. Bloß hattest du nicht den Mut, ihr nachzulaufen, und ich hatte ihn. Und ich werde alles haben, Andrea und alles. Du glaubst, ich hätte Harvey auf dem Gewissen? Schön. Das behältst du besser für dich. Und von heute an gehst du mir lieber aus dem Weg.«

Er stürmte aus dem Zimmer und schlug die Tür hinter sich zu. Ich sah ihm durch die Scheibe nach, wie er sich seinen Weg durch die Nachmittagskundschaft boxte. Für einen Mann, der alles hatte, sah er nicht gerade glücklich aus.

Vielleicht hat er ja auch recht. Vielleicht bin ich bloß eifersüchtig.

Aber ich glaube nicht. Ich hoffe, daß er genau das bekommt, was er will. Alles. Er hat dafür gearbeitet. Und er hat es verdient.

Es ist nur, daß ich denke, es wird nicht genug sein. Das Mädchen, das er wirklich will, gibt es nicht mehr. Sie ist eine Märchenfigur, der Traum eines längst vergangenen goldenen Sommers. Ich glaube, wir brauchen unsere Träume. Das Problem dabei ist, wenn man nur lange genug daran festhält, und wenn man Pech hat, werden sie manchmal wahr.

Originaltitel: THE PUDDLE DIVER, 10/86
Übersetzt von Achim Seiffarth

Lawrence Doorley

Wie legt man eine Femme fatale herein?

Es war die Zeit der Happy Hour, vier Uhr an einem sengendheißen Hochsommernachmittag in der Altensiedlung Tranquility Haven in Florida, und es herrschte gedrückte Stimmung. Eine Trübsal blasende Gesellschaft saß an dem runden Plastiktisch im Hobbyraum. Helen, Betty, Polly, Susie und Marge waren alle fünf Witwen, und sie waren alle zwischen Mitte und Ende sechzig (eine von ihnen behauptete, sie sei gerade erst sechzig, aber wir wissen es natürlich besser). Sie tranken verdrießlich ihre Drinks, die sie aus ihren Wohnungen mitgebracht hatten, und wie gewöhnlich schlugen sie die Zeit tot. Sie erzählten lustlos Nichtigkeiten und langweilten sich zu Tode.

Es gab noch andere Gruppen, die in dem Raum saßen. Siebzig bis fünfundsiebzig Prozent waren Ehepaare, die übrigen ungebundene Mitglieder des schwachen Geschlechts, alles Witwen. Hin und wieder quälte ein schriller Schrei die Anwesenden – wahrscheinlich erzählte ein schrecklicher Siebzigjähriger aus Ohio einen zweideutigen Witz – aber die meiste Zeit über war die Atmosphäre gedämpft, eine ziemlich typische Happy Hour.

Es war ein schrecklich heißer Sommer gewesen, selbst für Süd-Florida. Noch immer war es heiß, und die Stimmung war noch niedergeschlagener als sonst (Klimaanlagen sind wirklich toll, aber es ist schrecklich, die ganze Zeit eingesperrt zu sein). Und es hatte zehn Tote – sieben Männer und drei Frauen – gegeben in den vier glückselig benannten Gebäuden – Olympia, Elysium, Eden, Hesperideu – die die Rentnerwohnanlage bildeten. Außerdem waren fünf arme Seelen in Pflegeheime geschafft worden.

In den Werbebroschüren sah Tranquility Haven wirklich großartig aus: vier eindrucksvolle, dreistöckige Gebäude, Palmen, blühende Büsche, ein großer Swimming-pool, Badminton- und Tennisplätze, glückliche Paare, die anderen Paaren freundlich zuwinkten, während sie erwartungsvoll zu dem nächsten anregenden Programmpunkt hasteten. Im Werbeprospekt sah jeder gesund aus und nicht einen Tag älter als fünfundvierzig, höchstens siebenundvierzig. Es wirkte wie ein geschäftiger, fröhlicher Ort, Tranquility Haven schien ein Paradies zu sein. Aber wenn man wirklich dort wohnte, dann war es für die meisten Rentner ein Ort der Melancholie. Die meisten von ihnen hatten graue Haare, Arthritis, allerlei Krankheiten und Beschwerden und litten in bedrückendem Maße unter Einsamkeit. Um die allgemeine Trostlosigkeit noch zu vergrößern, wurde die Radiosendung »Golden Oldies«, die durch den Gebäudekomplex wehte, vom Bestattungsunternehmen Sunrise gesponsort.

Ungefähr zehn Minuten nachdem an diesem besonderen Nachmittag die Happy Hour begonnen hatte, hastete eine kleine, runzlige Gestalt in einem schwarzen Kleid in den Hobbyraum. Es war Katastrophen-Nelly (tatsächlich hieß sie Eleanor Graves und kam aus Harrisburg, Pennsylvania; Mr. Graves war vor drei Jahren gestorben). Nelly hatte, wie viele der Ruheständler, ein Hobby. Einige beschäftigten sich mit Töpfern, Malen. Schnitzen, Dichten und einer ehrenamtlichen Tätigkeit in der Bibliothek oder in einem der nahegelegenen Krankenhäuser. Nellys Hobby waren schlechte Neuigkeiten. Sie war immer auf dem Laufenden über Todesfälle, Unfälle und die großen und kleinen Mißgeschicke des Lebens. Sie konzentrierte sich dabei hauptsächlich auf die ungefähr einhundertundfünfzig Bewohner der Altenwohnanlage, hatte aber auch ein wachsames Auge für nationale und internationale Katastrophen. Die erste Aufgabe der armen Nelly war an jedem Morgen, sogar noch bevor sie sich ihren Kaffee aufbrühte, die Todesanzeigen in der örtlichen Zeitung aufmerksam zu studieren. Den übrigen Tag verbrachte sie damit, sich die schlechten Neuigkeiten im Fernsehen anzusehen und durch den Wohnkomplex zu eilen, um traurige Begebenheiten zu erfahren.

Die Mädchen, unsere fünf reizenden Witwen, nannten Katastrophen-Nelly niemals so, wenn sie in der Nähe war. So etwas würden sie nie tun. Sie waren im Grunde genommen alle nette, mitfühlende Individuen. Alle gingen regelmäßig zur Kirche. Vier von ihnen hatten Enkelkinder, die sie innig liebten. Die fünfte Witwe, die während einer langen, glücklichen Ehe kinderlos geblieben war, hatte zwei kleine, äthiopische Kinder adoptiert. Für die Pflege und Erziehung dieser beiden Kinder, Abdul und Minny, überwies sie jeden Monat zwanzig Dollar an eine internationale Hilfsorganisation.

Die Freundlichkeit, das Mitgefühl, Abdul und Minny – dies alles wird nur erwähnt, um die Tatsache zu unterstreichen, daß wir es mit fünf ganz normalen Großmüttern zu tun haben. Sie sind genau wie alle anderen gut erhaltenen Großmütter: liebe, lebhafte, junggebliebene alte Damen. Junge Hüpfer sind sie natürlich nicht mehr, aber auch keine alten Schnepfen. Es wäre falsch, zu behaupten, daß keine unserer Fünf einer Fliege etwas zuleide tun würde. Sie stehen alle mit beiden Beinen fest im Leben.

Aber das gehört nicht zur Sache. Wie schon erwähnt, eilte die arme, alte Katastrophen-Nelly während der Happy Hour in den Hobbyraum.

»Oh, oh, Mädchen, paßt auf«, warnte Marge leise. »Da kommt Katastrophen-Nelly. Und so wie sie aussieht, steht der Weltuntergang dicht bevor. Wir könnten genausogut unsere Kreditkarten verbrennen; das Ende ist nah. Bereut eure Sünden.«

Es war nicht einmal mehr Zeit, um über Marges Bemerkungen zu kichern, da Katastrophen-Nelly, die vor Trübsinn und Weltuntergangsstimmung übersprudelte, ihren Tisch erreicht hatte. Sie zog sich hastig einen Stuhl heran und machte es sich darauf behutsam bequem. Ihre alten Knochen knirschten – die arme Seele hatte Osteoporose. Sie redete wie ein Bestattungsunternehmer.

»Ich nehme nicht an, daß ihr Mädchen es schon gehört habt?«

Nein, sie hatten es noch nicht gehört. Alle Augen richteten sich auf Katastrophen-Nelly; sie fürchteten das Schlimmste.

»Es ist die arme Ann Watson aus eurem Haus«, verkündete Katastrophen-Nelly voller Kummer und Mitleid. »Sie ist vor drei Stunden im St. Lukes-Krankenhaus in der Stadt vor ihren Schöpfer getreten, die arme Seele... wie traurig, sie war erst achtundfünfzig... und so plötzlich... Ihr Mädchen wißt ja sicherlich, daß sie erst letzte Woche noch in das Halbfinale des Tennisturniers in der Junior-Senior-Gruppe gekommen ist... Es war ein Schlaganfall, wißt ihr... der arme Michael... er ist ganz niedergeschlagen... sie liebten sich noch so sehr... genau wie jung Verheiratete. Er sagt, daß er ihren Leichnam zurück nach Cleveland bringen lassen will... Seine Familie hat dort eine große Begräbnisstätte auf dem Shaker Heights-Friedhof, auf dem die Mitglieder von vielen alteingesessenen Familien beerdigt werden. Ja, so ist das Leben... heute lebt man noch... morgen kann man schon tot sein... ganz, wie es unser Schöpfer will. Er weiß es am besten... aber es bringt einen zum Nachdenken... warum sind wir hier... weswegen leben wir... weiß das jemand... und wer wird der Nächste sein... usw.... usw.... usw....«

Die arme Ann, dachten die Mädchen (sie hatten natürlich von dem Schlaganfall gewußt, und sie wußten, daß Ann schwerkrank im Krankenhaus lag), sie war noch jünger als wir und so voller Lebensfreude und so verliebt. Mann, o Mann, es hilft nichts, sich darüber Gedanken zu machen. Man muß von einem Tag zum anderen leben. Und man muß Gott für gute Gesundheit danken, für einigermaßen gute Gesundheit.

Dann, während Katastrophen-Nelly immer weiter klagte (»folgt ihr auch den Anweisungen eurer Ärzte... nehmt eure Medikamente ein... treibt Sport... haltet euer Gewicht... es scheint mir so, als wären ein paar von uns... nun ja... man kann gar nicht vorsichtig genug sein... usw... usw... usw...«), traf die Mädchen gleichzeitig ein Gedanke. Kurz und bündig ausgedrückt, lautete der Gedanke: jede dunkle Wolke hat einen Silberstreifen. Der gute Michael wird viel Trost und Mitgefühl brauchen.

Bis zu jenem Tag waren auf die neun Witwen in Elysium zwei Witwer gekommen. Vier der Witwen in Elysium gehörten in die Kategorie »sehr alt«, sie waren schon jenseits von Gut und Böse, die armen Lieben, sie suchten keine neuen Lebensgefährten mehr, sondern warteten auf das Unausweichliche, darauf, aus dem Leben abberufen zu werden. Und einer der Witwer war ebenfalls ein »sehr alter« Alter. Er war bettlägerig und wartete auf einen Platz in einem Pflegeheim hier in der Gegend.

Der andere Witwer im Elysium war ein neunundsechzig Jahre alter, lebhafter, überheblicher, geistreicher, schmutziger alter Mann. Er war, sowohl im übertragenen als auch im direkten Sinn, schmutzig. Er neigte dazu, den Mädchen lüsterne Bemerkungen darüber zuzuflüstern, daß er durchaus fähig sei, ihre – ho-ho-ho – primitiven Triebe zu befriedigen. Außerdem legte er eine beklagenswerte Sorglosigkeit in allen Fragen der Sauberkeit an den Tag. Seit dem Tod seiner Frau vor einem Jahr kümmert er sich nicht mehr um sein Äußeres und um den Geruch, den er verströmte.

Die Mädchen waren so verzweifelt über den Männermangel, daß sich trotzdem zwei von ihnen – wir wollen keine Namen nennen – unabhängig voneinander beinahe dazu entschlossen hatten, dem ungewaschenen Burschen einen anonymen Brief zu schreiben. Er hieß Harold und war zu Lebzeiten seiner Frau ein richtiger Charmeur gewesen, der sauber, ordentlich und nett ausgesehen hatte. Sie wollten in den anonymen Briefen erwähnen, daß, wenn er seinem Äußeren etwas mehr Aufmerksamkeit schenkte, seine sündigen Bemerkungen durchaus »Aufnahme fänden, bei einem der Mädchen, die während der Happy Hour an dem kleinen, runden Tisch an der Ostseite des Hobbyraums neben den Topfpflanzen sitzen«.

Von einer Großmutter erwartet man kaum, daß sie einem neunundsechzig Jahre alten Mann einen Brief schickt, in dem sie zu verstehen gibt, daß sie zur Sünde bereit ist. Und die zwei, die kurz davor waren, die Angelegenheit wenigstens zu diskutieren, waren gewissenhafte Kirchgängerinnen und gottesfürchtige Großmütter.

Aber Einsamkeit ist schrecklich.

Es war Happy Hour, vier Uhr nachmittags an einem sengendheißen Spätsommertag, zwei Wochen nachdem unsere liebe, kleine runzelige Klatschtante den Mädchen die unheilvolle Neuigkeit über Ann Watson mitgeteilt hatte.

Für die Mädchen waren es zwei geschäftige Wochen gewesen: neue Frisuren, neue Kleider, neues Parfüm, neue Pläne, neue Hoffnungen, alte Sehnsüchte. Beileidskarten waren verschickt worden. Und als Michael aus Cleveland zurückkam, war er mit sorgfältig zubereiteten Speisen überschwemmt worden: Huhn Tetrazzini (Helen), überbackene Krabben (Betty), Chili Con Carne (Susie), Schokoladentorte (Polly), Zitronenrolle und Gewürzkuchen (Marge). Der arme Michael, der zutiefst gerührt war, aß alles auf und verbrachte mehrere schlaflose Nächte, weil in seinem Verdauungstrakt ein völliges Durcheinander herrschte.

Er hatte jedem Mädchen versprochen, daß er in ein paar Tagen während der Happy Hour in den Hobbyraum kommen würde. Heute war dieser Tag. Während die anderen Rentner in dem Raum kicherten und dumm glotzten, zappelten und wanden sich unsere fünf Mädchen – die alle frisch frisiert, geschnürt und geschminkt waren – und versuchten, sich nicht gegenseitig anzuschauen. Alle fünf fühlten, daß sie sich wie verdammte Närinnen aufführten, aber sie wollten es durchstehen. Zur Hölle mit den kichernden Zuschauern!

Es wurde vier Uhr. Dann vier Uhr fünf. Und vier Uhr zehn. Die Spannung stieg.

»Glaubt ihr, daß etwas passiert ist?« platzte eine von ihnen ungewollt heraus.

»Reg dich nicht auf, Polly«, fuhr sie eine andere an, »du wirst deine Chance bekommen. Und nimm es mir bitte nicht übel, aber ich glaube, daß das Zeug, mit dem du dich parfümiert hast, etwas übertrieben wirkt. Wie heißt es? Fauler Zauber?«

»Oh, das mußt du gerade sagen«, fauchte Polly zurück. »Das billige Zeug, das du über dich gekippt hast, riecht wie... nun ja... es ist wohl besser, wenn du nicht nach draußen gehst. Die Mücken würden dich sonst auffressen.«

Zwietracht breitete sich zwischen ihnen aus. Aber bevor noch schärfere Worte gewechselt wurden, platzte es aus Susie heraus, die ihre Brille extra in ihrer Wohnung gelassen hatte – sie war sich sicher, daß sie ohne Brille besser aussah –: »Mein Gott... seht... es... es kann nicht sein... aber... es sind Ginger Rogers und... Cary Grant... mein Gott...«

Natürlich waren sie es nicht.

»Halt den Mund, du Schwachkopf«, zischte Marge. »Es ist diese... diese... verdammt noch mal... verdammt noch mal...«

Es war die Femme fatale, wie sie in der Altenwohnanlage genannt wurde, Dody Schopenhammer. Gebräunt, geschmeidig, sexy, mit einem knallroten Hosenanzug und dazu passenden roten Schuhen sah Dody einfach phantastisch aus. Ihr Décolleté, das sie stolz zur Schau trug, brachte ihr einen lauten Pfiff von einem Bewunderer am anderen Ende des Raumes ein. Sie hing an Michaels Arm und blickte ihn mit einem vertrauten, bewundernden Lächeln an. Der arme Michael – er war groß, dunkelhaarig, gutaussehend und trug eine helle Hose und ein weißes Sporthemd – sah wie ein Mann aus, der auf dem Weg zur Guillotine ist und schnell dahin kommen will.

Sie erreichten den Tisch der Mädchen. Michael wurde abwechselnd blaß, rosa und dunkelrot. Er stammelte eine Erklärung.

»Ah... Dody... ah... sie... hat... hat... ich meine... sie kam vorbei... Und sie... hat... mir angeboten... mich... zu begleiten... ha... ha...«

»Wie nett von dir, Dody«, sagte eines der Mädchen zuckersüß mit zusammengebissenen Zähnen.

»Ja, das ist wirklich nett von mir«, antwortete Dody und lächelte betörend. »Und nun Michael, sei ein guter Junge, und hole uns zwei Sessel, so daß wir uns zu... den Mädchen setzen können.«

Der geheime Kriegsrat trat noch am gleichen Abend in Marges Wohnung zusammen. Sie hatte die Mädchen dazu gedrängt, auf ihre Lieblingssendungen im Fernsehen zu verzichten und statt dessen etwas gegen die Femme fatale zu unternehmen. Das Ärgerliche an der Sache war, daß Dody den Mädchen schon zwei Witwer vor der Nase weggeschnappt hatte. Die Witwer waren Bewohner von Elysium gewesen, während Dody in Olympia lebte, das ungefähr vierzig Meter von Elysium entfernt war. Beide Ehen waren nur kurz gewesen, eine hatte vier Monate, die andere fünf Monate gedauert.

»Ich arme Frau«, hatte man Dody nach dem zweiten Todesfall klagen hören, »ich muß wohl eine Unglücksbotin sein.«

Hmmmmmm, hatten unsere Mädchen geschnaubt, als sie das hörten.

Jetzt war sie wieder da und machte sich an einen anderen Mann aus dem Haus der Mädchen heran. Dabei ignorierte sie vollständig die ungeschriebenen, geographischen Rechte, die anstandshalber während der ersten zwei oder drei Wochen einen Witwer für die Witwen aus seinem Haus reservierten. Die Frau war eine Schande für das ganze weibliche Geschlecht. Die arme Ann war kaum unter der Erde, und schon versuchte sie mit allen Mitteln, sich an Anns Hinterbliebenen heranzumachen, an den lieben, süßen, unschuldigen Michael, ein Juwel, perfekter Gentleman und pensionierter Professor der Botanik an einem kleinen College im Mittelwesten. Dody mußte aufgehalten werden, und zwar sofort.

Marge rief die Versammlung zur Ordnung und kündigte an, daß Helen, die zwanzig Jahre lang Gerichtsschreiberin in Beaver County, Pennsylvania, gewesen war, sich bereit erklärt hatte, das Protokoll zu schreiben.

»Die Sitzung wird hiermit eröffnet«, sagte Marge. »Macht bitte Vorschläge, wie wir verhindern können, daß Dody Michael zu ihrem siebten Ehemann macht... dieses gierige Geschöpf... Wer hat den ersten Vorschlag?«

Susie machte den ersten Vorschlag. Sie empfahl einen Kuchen, der ordentlich mit Arsen gewürzt werden müßte.

»Wir könnten ihn ihr mit der Post zuschicken. Zusammen mit einer hübschen, kleinen Karte, auf der ›Von einem Bewunderer‹ steht.«

Die Mädchen waren noch nicht so blutrünstig, jetzt noch nicht. Aber die Idee mit dem Kuchen gefiel ihnen, und als Betty vorschlug, daß sie eine größere Menge – »den größten Teil«, sagte sie – der Milch durch ein Abführmittel ersetzen sollten, fiel die Abstimmung einstimmig aus. Helen schrieb es zum Beweis in ihr Notizheft: ABF. STATT M.

Eine von ihnen dachte, daß es eine ausgezeichnete Idee sei, Dody zu zermürben und ihren Schönheitsschlaf zu stören, indem man sie in den frühen Morgenstunden anrief und auflegte, sobald sie sich meldete. Das fanden alle gut. Und Helen notierte es: ANR. N. A. L.

Eine Mausefalle in Dodys Briefkasten fand wenig Zustimmung. Der Hauptgrund war, daß die Idee nicht durchführbar war, weil alle Briefkästen abgeschlossen waren. Ein ziemlich vernünftiger Vorschlag wurde von Helen gemacht: Warum konnte man Dody nicht aus der Wohnanlage rausschmeißen? Und zwar aufgrund Absatz 5 Paragraph 3 der Hausordnung, der besagte, daß »ein unangenehm auffallendes Mitglied nach einem Mehrheitsbeschluß aller Mitglieder aufgefordert werden kann, die Wohnanlage zu verlassen. Die Wohnung soll dann höchstbietend versteigert werden.«

Das hörte sich toll an. Aber Polly, die Sekretärin eines Rechtsanwalts in La Crosse, Wisconsin, gewesen war, zerstörte ihre Hoffnungen gleich wieder. Sie zitierte Dodys Bürgerrechte und die Verfassung. Außerdem gab sie zu bedenken, daß bis jetzt noch keine unangenehm auffallende Person gebeten worden sei, die Wohnanlage zu verlassen, und das schloß »das großmäulige, betrunkene Paar aus der Wohnung 3D in unserem Haus« mit ein. Das war richtig. Dody war wirklich eine unangenehme Konkurrenz in dem Wettkampf um alleinstehende Witwer, aber sie hatte das gleiche Recht wie alle anderen, Witwer zu jagen.

»Auf wessen Seite stehst du eigentlich?« wollte eines der Mädchen wissen.

»Ich bin auf der Seite von Recht und Ordnung«, behauptete Polly und ignorierte dabei vollständig die Tatsache, daß sie begeistert für das Abführmittel und die nächtlichen Telefonanrufe eingetreten war. Helen schloß die Angelegenheit ab, indem die »RAUSSCHM. G. N.« notierte.

Dann hatte Susi, die eine erstklassige Telefonverkäuferin oben in Philadelphia gewesen war, eine tolle Idee.

»Laßt uns einen Privatdetektiv engagieren«, sagte sie, »um Dodys Vergangenheit zu durchleuchten. Jemand wie Dody muß einfach... hm... gesetzwidrige... Sachen gemacht haben.«

»Hey, das ist toll, einfach toll«, wurde sie von Marge unterbrochen. »»Wenn ihr darüber nachdenkt... war es nicht irgendwie seltsam, wie ihre zwei letzten Ehemänner so schnell ins Gras bis... starben?... Vielleicht... wer weiß... vielleicht hat sie sie vergiftet... Ich würde ihr das wohl zutrauen.«

Das stimmt, das ist wahr, pflichteten ihr die anderen zu, die jetzt ganz aus dem Häuschen waren. Und was ist mit den anderen vier Ehen, die sie oben im Norden geschlossen hat, bevor sie hierher kam (tatsächlich hatte Dody mit ihren vielen Ehen geprahlt)? Vielleicht ist sie eine Bigamistin.

»Oder eine Trigamistin«, sagte Betty aufgeregt.

»Wo ist dein Telefonbuch, Marge?« fragte Susie.

Im Telefonbuch gab es viele Anzeigen von Privatdetektiven. Die Mädchen, die aus dem Fernsehen wußten, daß Privatdetektive pro

Tag zwischen hundert und zweihundert Dollar berechneten, entschieden sich schließlich für Mark Mason: »Pensionierter New Yorker Polizeidetektiv; fünfundzwanzigjährige Polizeierfahrung; diskrete Nachforschungen; angemessene Gebühren; Rabatte für Senioren.« Sie kamen überein, daß Marge mit Mason Kontakt aufnehmen sollte. Marge sollte herausfinden, was es kosten würde, und ob sie es sich leisten konnten. »Versuche, eine niedrige Gebühr auszuhandeln, Marge«, sagten sie zu ihr. »Vielleicht ungefähr... nun ja, so etwa fünf Dollar pro Stunde.« Natürlich war das alles nur ein Scherz, vielleicht. Aber wenn Mason, falls sie sich ihn leisten konnten, herausfand, daß Dody eine Mörderin oder eine Trigamistin oder wenigstens eine Bigamistin war, dann konnten sie sie damit konfrontieren: »Wir haben den Beweis, du, du mörderische Trigamistin. Du bist ein verkommenes, scheußliches, gemeines Geschöpf. Und wir geben dir eineinhalb Stunden Zeit, die Stadt zu verlassen... sonst...«

Eine Woche später erstattete Mike Mason den Mädchen Bericht. Sie saßen beim Mittagessen im Surfside-Restaurant, einer malerischen, kleinen Gaststätte im Neuengland-Stil, die vier Meilen landeinwärts lag. Mason war damit einverstanden gewesen, den Fall für eine Pauschale von dreihundert Dollar zu übernehmen.

»Er sagt, daß ihn der Fall interessiert«, erklärte Marge den Mädchen. »Aber wenn ihr mich fragt, dann interessiert er sich für Dody.«

»Wie sieht er aus, Marge?«

»Oh, er ist sechzig Jahre alt, ungefähr mittelgroß... etwas vierschrötig... hat rote Haare... äh... blaue Augen... ein irgendwie hinterhältiges Lächeln... Er ist einfach... ein ordinär aussehender Mann... Vor drei Jahren wurde er pensioniert... er hatte vor, zu faulenzen und zu angeln, aber nachdem seine Frau letztes Jahr starb... er sagte, daß er etwas machen mußte, um nicht verrückt zu werden, darum eröffnete er seine Ein-Mann-Agentur.«

»Dann«, sagte eines der Mädchen, »ist er also Witwer, nicht wahr?«

Ja, sicher, das war richtig. Es ließ die anderen Mädchen die Ohren spitzen. Nachdem Mason Marge angerufen und ihr mitgeteilt hatte, daß die Untersuchung beendet war und er sie im Surfside-Restaurant treffen wolle, meinte Marge, es sei wohl das Beste, wenn sie alleine dorthin ginge. »Schließlich sieht es sehr komisch aus, wenn wir fünf dort mit nur einem Mann sitzen.« Aber die vier anderen Mädchen stimmten gegen ihren Vorschlag. Sie waren nicht gewillt, Marge mit einem sechzigjährigen Witwer mit roten Haaren, blauen Augen und einem hinterhältigen Lächeln alleinzulassen. Außerdem hatte schließlich jede von ihnen sechzig Dollar in Mason investiert, ihr Anteil an den dreihundert Dollar für die Überprüfung. Marge, die überstimmt worden war, konnte ihren Ärger kaum verhehlen. Sie murmelte, daß sie von ihnen allen außerordentlich enttäuscht sei.

Während der Woche, in der Mason die Nachforschungen anstellte, hatten die Mädchen ihr Äußerstes getan, um Michael zu beschäftigen und ihn von Dody fernzuhalten. Sie wechselten sich ab. Helen rief ihn an und bat ihn, in ihre Wohnung zu kommen und ihr dabei zu helfen, einen tropfenden Wasserhahn zu reparieren. Der arme Michael erklärte ihr, daß er tropfende Wasserhähne nicht reparieren könne, aber Helen widersprach ihm schüchtern. Und Michael verbrachte eineinhalb Stunden in ihrer Wohnung damit, ihr zu beweisen, daß er nicht gelogen hatte.

Marge und die zwei anderen Mädchen verleiteten ihn dazu, als Vierter an dem Bridgeturnier am Donnerstagabend bei ihnen teilzunehmen. Er spielte mit, aber es war offensichtlich, daß er nicht bei der Sache war. Er war schlecht gelaunt, seine braunen Augen sahen traurig und wehmütig aus, seine Gedanken waren weit weg (der arme Kerl, dachten die Mädchen, trauert immer noch um seine verlorene Liebste). An diesem Abend gewann ihr Tisch den Trostpreis.

Und an einem Nachmittag rief Betty Michael an, um ihn zu bitten, sie in die Stadt zu fahren. Ihr Auto war in der Werkstatt, und anscheinend hatten die anderen Mädchen alle etwas vor. Dabei hatte sie einen wichtigen Termin beim Zahnarzt. Der arme Michael ... es stellte sich heraus, daß Betty erst am nächsten Tag einen Termin beim Zahnarzt hatte. Aber als ihr das einfiel, waren sie schon mitten in der Stadt, und es war zwölf Uhr mittags, darum gingen sie gemeinsam zum Essen. Betty redete während des Essens ununterbrochen. Michael lächelte melancholisch und tat höflich sein Bestes, um vorzutäuschen, daß er sich amüsierte.

Dody, die nicht dumm war, merkte bald, was die Mädchen im Schilde führten. Und sobald sie eine Schwachstelle im Kriegsplan der Mädchen entdeckte, schlug sie zu. Zweimal während der Woche schaffte sie es, Michael an den Swimming-pool zu entführen. Beide Male zur Zeit des Sonnenuntergangs, wenn sie am besten aussah: die schimmernden Strahlen der untergehenden Sonne tauchten sie in Gold und Orange, ihr kleiner, knapper, orangeroter Bikini schien in der glühenden Färbung zu verschwinden.

Die Mädchen, die durch einen Anruf von Katastrophen-Nelly

alarmiert worden waren, rannten beide Male nach unten und lugten durch die Glastüren nach draußen auf die bittere Szene. Dort war Dody – eine kupferne Nymphe – und sie sah phantastisch aus, dachten die Mädchen verbittert. Sie war sowohl geschmeidig als auch üppig, eine unwahrscheinliche und darum sonst unbekannte Kombination. Dort war sie, Arm in Arm mit dem schlanken, sonnengebräunten Michael, der weiße Shorts trug. Sie schauten nach Westen, zur untergehenden Sonne. Der arme Michael, es schien so, als versuche er, sich aus Dodys Umarmung zu lösen. Aber er hatte keinen Erfolg. Für die armen Mädchen war es die reinste Hölle.

Beim zweiten Mal war es sogar noch schlimmer. Katastrophen-Nelly war wieder am Ball geblieben. Die Mädchen kamen wieder nach unten gerannt. Wieder lugten sie durch die Glastüren, die auf der Terrasse mit dem Swimming-pool führten. Dieses Mal war Dody im Wasser und bespritzte Michael spielerisch, der auf der Terrasse stand und unglücklich aussah. Plötzlich drehte Dody sich zu den Glastüren um, sah die Voyeure, schrie Michael etwas zu und wies auf die Türen. Die armen Mädchen, die entdeckt worden waren, versuchten, außer Sichtweite zu krabbeln. Während sie das taten, warfen sie zwei Palmen in Blumenkübeln um, und eine von ihnen trat auf Pollys nackten Zeh. Polly schrie, und die arme Susie, die wieder einmal ihre Brille nicht dabei hatte, stieß gegen Marge. Beide fielen auf den Boden und es war ein komischer Anblick, der die vergnügte Dody zum Lachen brachte – man konnte es durch die Türen hören.

Michael – es gibt keinen höflicheren Mann – wandte sich absichtlich um, sobald er die Mädchen sah. Und er drehte sich nicht wieder um, obwohl Dody ihn anschrie, daß er sich umdrehen und die lustige Szene betrachten solle, bevor die Mädchen weg waren.

Bis auf die zwei schrecklichen Szenen am Swimming-pool war es den Mädchen gelungen, Michael von der Hexe aus dem Olympia fernzuhalten. Jetzt, im Surfside – die Sandwiches, Salate und Drinks wurden an einen versteckten Tisch in einer Ecke gebracht – erwarteten die Mädchen ungeduldig Mike Masons Bericht. Mord, – Bigamie, – Trigamie – und sogar eine Kombination von allen drei Vergehen – tauchten vor ihnen auf.

Die vier, die ihn vorher noch nicht gesehen hatten, waren sehr überrascht, daß Mason in Wirklichkeit ein verdammt gutaussehender Ire war. Er war ganz anders, als Marge ihn geschildert hatte. Er war ordentlich gekleidet, er trug blaue Hosen und ein weißes Sporthemd, und sah wesentlich jünger aus als sechzig. Hmmmmmm, dachten die Mädchen, man kann wirklich niemand trauen.

Mason hatte seine Aufgabe gründlich erfüllt. Er hatte alle Informationen, die man über Dody sammeln konnte. Gleich am Anfang seiner Ermittlungen hatte er Glück, weil er den früheren Ehemann Nummer vier, von dem sie sich vor vier Jahren hatte scheiden lassen, aufgespürt hatte.

»Er war Autohändler in einem Vorort von Chicago und hat sich zur Ruhe gesetzt«, erklärte Mason mit einer kräftigen, maskulinen Stimme, die den Mädchen Schauer über den Rücken jagte. »Er lebt jetzt in Palm Beach... Er war sehr aufgeregt, als ich ihm erklärte, daß ich seine ehemalige Frau ein wenig überprüfe... Er wollte wissen, warum ich das mache... Ich habe ihm erzählt, daß sie ihre Lebensversicherung erhöhen will... Das schien ihn nicht eine Minute lang zu überzeugen, aber es hat ihn nicht daran gehindert, mir die Lebensgeschichte dieser Person vom Moment ihrer Geburt in Wisconsin an zu erzählen. Das war vor sechsundfünfzig Jahren... ah...«

Zwei kaum unterdrückte Seufzer veranlaßte Mason, mit seinem Bericht aufzuhören. Er lächelte, es war ein liebenswertes, verschlagenes Lächeln.

»Das scheint einige von Ihnen zu überraschen«, sagte er. »Kein Wunder. Nach dem, was mir Marge von ihr erzählt hat...«

Oh, er nennt sie »Marge«, dachten die anderen Mädchen. Sie drehten sich um und starrten Marge an. Die wurde rot.

»Fahren Sie fort, Mike«, stotterte Marge und wurde noch roter... »Fahren Sie fort, Mike«, wurde sie von Polly hinter der vorgehaltenen Hand nachgeäfft. Polly fragte Betty: »Was hälst du davon?«

Mason fuhr schnell fort, und er hatte einige interessante Neuigkeiten. Aber zuerst sprach er über die Todesursachen der letzten beiden Ehemänner der Überprüften, die sie geheiratet hatte, seit sie vor vier Jahren nach Tranquility Haven gezogen war.

»Bei beiden Toten ging alles mit rechten Dingen zu«, fuhr Mason fort. »Ich habe mich im Büro des Gerichtsmediziners erkundigt. Beide Männer hatten schon seit längerem Herzbeschwerden. Und was die anderen Ehen im Norden angeht, so passierte dort nichts Geheimnisvolles... Sie wurden jedesmal geschieden... alles war ganz legal, das hat mir jedenfalls mein redseliger Informant in Palm Beach berichtet. Der Bursche scheint einsam zu sein, er war ganz wild darauf, zu reden...«

So weit die schlechten Neuigkeiten.

»Was hat er über Dody gesagt?... Ich meine, etwas persönliches... Was für ein... äh, Mensch war sie... ist sie?« unterbrach Marge ihn. »Warum hat er sich von ihr scheiden lassen?«

Mason lächelte sein verschlagenes Lächeln. Einige Busen hoben sich, und alle Herzen schlugen schneller.

»Einen Augenblick«, sagte Mason. »Ich brauche für die Beantwortung dieser Frage mein Notizbuch.« Er zog ein schmales, schwarzes Notizbuch aus seiner Handtasche.

»Lassen Sie mich nachsehen... ja, hier habe ich es... erlauben Sie mir, daß ich zitiere, was der Ehemann Nummer vier über eine gewisse Dorothy Margaret Schopenhammer gesagt hat – das ist übrigens ihr Mädchenname. Ich zitiere: »Eine eitle, faule, promiskuitive Verschwenderin, die keine einzige gute Eigenschaft hat... ein selbstgefälliges Luder, eine Hexe... eine...«, an dieser Stelle schloß Manson das kleine Notizbuch und steckte es in die Hemdentasche zurück. Er sagte: »Ich ziehe es vor, den Rest der Beschreibung nicht zu wiederholen. Es ist aber klar, daß Ehemann Nummer vier nur sehr wenig Gutes über seine ehemalige Frau gesagt hat. Oh, fast hätte ich es vergessen – er ließ sich auch lang und breit darüber aus, daß sein früherer Liebling ihm andauernd Schwierigkeiten bereitete, weil er gegen die Hälfte aller Lebensmittel allergisch ist, besonders gegen – einen Moment – « Er nahm wieder das Notizbuch heraus. »Ja, da steht es. Sie darf keine Sachen essen, in denen auch nur ein Gramm Schokolade ist. Außerdem darf sie nichts mit Nüssen essen, überhaupt keine Nüsse, auch nichts, was aus dem Meer kommt – außer ein paar besonderen Fischarten – keinen Hummer, keinen Schellfisch, keinen Kohl... Ich habe hier eine ganze Liste von Lebensmittel, die, nach Auskunft unseres Freundes in Palm Beach, bei ihr Nesselfieber, Pusteln und Flecken hervorrufen... Tatsächlich hat das Beharren dieser Person darauf, daß alles, war ihr Ehemann gerne aß, sowohl zu Hause als auch in Restaurants, vom Speiseplan gestrichen wurde... nun ja... es war vielleicht nicht die Hauptursache für die Trennung, aber es hat eine Rolle gespielt...«

Mason machte eine Pause. Er sah mysteriös aus und grinste. Die Mädchen warteten; sie erwarteten und erhofften einen richtigen, zerstörerischen Beweis (»wir haben den Beweis, hier ist er, du... du...«).

»Der letzte... ah... kleine Leckerbissen, über den unser Informant berichtete«, sagte Mason, »ist... hm... hier ist er... die

Überprüfte, Miss Schopenhammer, hat nach der Scheidung eine Abfindung von genau hunderttausend Dollar erhalten. Außerdem bekommt sie jeden Monat einen Unterhalt in Höhe von zweitausend Dollar und...«

Er machte wieder eine Pause. Seine Worte hatten die Mädchen veranlaßt, aus tiefem Herzen zu stöhnen. Er grinste... und fuhr fort... »Sie hat auch einen Trip nach Brasilien bezahlt bekommen, die Summe, um die es dabei geht, beläuft sich auf etwa fünfundvierzigtausend Dollar.«

Noch mehr Seufzer, bittere Seufzer.

»Was zum Teufel hat sie... Ich meine...«, wollte eines der Mädchen wissen, »...was... wie konnte sie in Brasilien fünfundvierzigtausend Dollar ausgeben?«

»Das war wirklich nicht schwierig. Dody hat sich vollständig überholen lassen, sie hat sich von Kopf bis Fuß wieder aufpolieren lassen: Umformung (Nase), Vergrößerung (Brust), Veränderung (Kinn), Wiederherstellung (Gesichtsstraffung) und schließlich, zum Schluß, eine Lipectomie.«

Totenstille breitete sich aus, nachdem Mason damit fertig war, die Liste von Dodys kosmetischen Operationen vorzulesen. Schließlich fragte jemand jämmerlich:

»Was... was ist... was ist das... diese Lipectomie... oder wie es heißt... hm?«

Betty wußte es. Sie hatte etwas darüber gelesen.

»Es ist... eine... Art... eine Prozedur... bei der... nun ja... es funktioniert wie ein Staubsauger. Er saugt das Fett heraus... besonders aus... dem Hintern...«

»Mein Gott«, keuchte jemand, »mein Gott. Was werden manche Leute noch anstellen? Was wird Gott davon halten, wenn die Menschen ihm ins Handwerk pfuschen?... Herumpfuschen mit... dem Modell, das unser Schöpfer geschaffen hat... um... ja... das übersteigt alles... Lipectomie... *mein* Gott... was wird als nächstes passieren?«

Es war ein niedergeschlagener Haufen, der in Marges Wagen stieg, um in die Altenwohnanlage zurückzufahren. Mike Mason hatte das Essen bezahlt, er hatte darauf bestanden, weil er mit diesem Fall nicht viel Arbeit gehabt hatte: nur ein paar Telefonanrufe und etwas andere Arbeit. Mason fragte auch, ob er einige der Mädchen zur Altenwohnanlage fahren sollte. Zwei von ihnen wurden nur durch Marges Gesichtsausdruck davon abgehalten, mit ihm zu fahren. Sie bedankten sich bei ihm für das Angebot und sagten, daß sie mit Marge fahren würden.

Auf dem Rückweg, ungefähr noch eine Meile von der Wohnanlage entfernt, kam ihnen ein weißes Cabrio entgegen.

»Mein Gott«, schrie Susie. »Habt ihr das gesehen? ... Waren das nicht ...«

»Nein, es waren nicht Ginger Rogers und Cary Grant«, schrie Polly wütend. »Verdammt noch mal, du weißt ganz genau, wer es war. Warum zum Teufel setzt du deine Brille nicht auf? Irgendwann wirst du noch mal in einen Kanal fallen ... Verdammt ... habt ihr das gesehen? ... Diese Frau ... sie hat ihren Arm um Michaels Schulter gelegt ... Dieses ... dieses ... dieses Luder ist ... einfach ...«

»Total verdorben«, zischte eine Andere.

»Ich wollte nur sagen«, jammerte Susie, »daß es in dem Film *Golddiggers of 1933* eine Szene gab, in der Ginger Rogers ...«

»HALT DEN MUND«, schrien vier Mädchen sie gleichzeitig an.

Als Resultat der geheimen Versammlung, die noch an diesem Abend in Marges Wohnung abgehalten wurde, wurde der folgende Schlachtplan aufgestellt, den Helen in ihrem Notizbuch festhielt:

ANR. N. AUFL., das bedeutete: jedes der Mädchen sollte Dody in den frühen Morgenstunden von aufeinanderfolgenden Nächten anrufen und dann sofort auflegen, wenn sie sich meldete. Sie wollten dadurch ihren Schönheitsschlaf stören. Susie erinnerte sich an eine Freundin in Philadelphia, die sich das Gesicht hatte liften lassen, und bei der drei Jahre später, mitten in einer spannenden Bridgepartie, das Gesicht auf einmal anfing, abzurutschen und abzugleiten ... »Nun ja, es war einfach unglaublich. Man muß es gesehen haben, um beurteilen zu können, wie ... fürchterlich ... ah ... ja ... Erinnert ihr euch an den Film Dr. Jekyll und Mr. Hyde? ... John Barrymore war der Hauptdarsteller. ...Okay, ihr glaubt mir nicht ... es passierte aber ... ihr Gesicht sackte ab ... Ich habe es gesehen ...«

W. SCHOCK. K. – BET: Betty – alle waren sich einig, daß sie die beste Köchin war – sollte einen weißen Schokoladenkuchen backen, bei dessen Anblick einem das Wasser im Mund zusammenlief. Ein Vorschlag lautete, noch weiter zu gehen, und ein paar gemahlene Walnüsse und einen Teelöffel voll zerriebenen Hummer unter den Kuchenteig zu mischen. Dieser Vorschlag wurde mit drei gegen zwei Stimmen abgelehnt. Die Mehrheit wies weise darauf hin, daß Dody nur für ein oder zwei Wochen außer Gefecht gesetzt werden sollte, aber daß sie nicht so krank werden sollte, um ins Krankenhaus zu kommen. Jedenfalls jetzt noch nicht.

EINP.-POL: Es wurden Streichhölzer gezogen und Polly verlor. Darum sollte sie den Kuchen »in einer netten, romantischen Art« verpacken, ihn zur Hauptpost in der Stadt bringen und ihn ohne Absenderangabe als Päckchen an Dody senden. Eine gedruckte Karte, auf der »Von einem Bewunderer« stand, sollte sie mit in das Päckchen legen.

AN. BR. – SU: Susie, deren Hobby es war, romantische Romane zu schreiben, die sich nicht verkaufen ließen, wurde die Ehre zuteil, Dody einen anonymen Brief zu schreiben. In dem Brief sollte stehen, daß Dody Michael in Ruhe lassen sollte, weil sich der Briefschreiber sonst gezwungen sähe, Michael über ihren betrügerischen Hintern, ihr unechtes Aussehen, ihr gefälschtes Gesicht und ihre falsche Nase zu informieren. Anschließend wurde darüber abgestimmt, ob es nicht auch eine gute Idee wäre, in dem Brief zu schreiben, daß der Verfasser über Dodys Anfälligkeit für Nesselfieber und Ausschlag Bescheid wußte. Aber diese Idee wurde ohne besonderen Grund mit vier gegen eine Stimme abgelehnt. »Einfach aus allgemeinen Prinzipien«, wie Marge es ausdrückte. Eins der Mädchen erweckte Susies Zorn dadurch, daß sie ihr sagte, sie solle aufpassen, daß sie Ginger Rogers nicht in dem Brief erwähnte. Susies Antwort daraufhin soll hier lieber nicht wiedergegeben werden.

Nachdem die Versammlung diese Dinge beschlossen hatte, begannen sich die Gemüter zu erhitzen. Betty, Polly und Susie protestierten ungehalten. Sie behaupteten, daß sie die ganze schmutzige Arbeit machen müßten, während Marge und Helen Dody nur per Telefon zermürben müßten. Der Streit wurde dadurch beigelegt, daß sich Marge und Helen bereit erklärten, alle Telefonanrufe zu machen. Marge sollte um ein Uhr, Helen um zwei Uhr morgens anrufen, und zwar jede Nacht.

In dieser Nacht schliefen sie erst spät ein. Schließlich waren sie alle gesetzestreue Großmütter, die noch nie so etwas zu tun gehabt hatten. Was würden ihre Enkelkinder nur von ihnen denken? Und was würde der kleine Abdul und die kleine Minny denken? Und würde der ganze verdammte Plan funktionieren? Wie konnte eine von ihnen nur mit der... Femme fatale konkurrieren? Was immer die Femme fatale haben wollte, sie bekam es... oder?

Vier Tage später geschah etwas Außergewöhnliches. Michael rief jedes der Mädchen an, und mit einer zaudernden, schwankenden Stimme sagte er, daß sie nach seinem traurigen Verlust so nett zu ihm gewesen seien und daß sie so viel Mitgefühl gezeigt hätten. Sie hätten ihm die ... die ... ah ... die köstlichen Speisen gebracht ... ah ... er wüßte, daß sie ... ah ... sicherlich interessiert wären ... zu erfahren ...

»Nun ja, ich versuche mitzuteilen«, sagte er schließlich, »daß ich dabei bin, einen außergewöhnlichen wichtigen Schritt zu unternehmen ... und ... ich möchte gerne, daß ihr Mädchen es als erste erfahrt.«

Ob sie wohl am nächsten Nachmittag um fünf Uhr in seine Wohnung kommen könnten? Er hatte gehofft, sie früher zu sich bitten zu können. »Aber da gibt es noch eine andere ... ah ... eine andere ... Person, die betroffen ist und ... sie ... sagte, daß ihr fünf Uhr besser passen würde ... ha ...« (Ha, ha, äfften vier der Mädchen nach, als sie auflegten. Die fünfte seufzte nur.)

Zur Zeit der Happy Hour am nächsten Nachmittag war die Stimmung bedrückter als jemals zuvor. Sie trafen sich, um Michaels unglaubliche Bitte und deren Bedeutung zu diskutieren, bevor sie in seine Wohnung im dritten Stock des Elysium-Gebäudes gingen. Sie waren sauer. Sie hatten verloren. Es stand 3:0 für die Femme fatale. Während vier kurzer Jahre in Tranquility Haven hatte sich Dody drei Witwer geangelt – Michael war schon so gut wie geangelt – das entsprach fast einer Rate von einem pro Jahr.

Was wirklich schmerzte war, daß Michael – dieser aufrechte, ehrenwerte, vertrauensselige Michael – ihnen mitteilte, daß er und Dody – vielleicht leben sie nur zusammen und heiraten gar nicht, sagte jemand, aber die Anderen sagten nur: »Halt den Mund!« – um es kurz zu machen, was wirklich schmerzte, war, daß Michael sich als ... nun ja ... es war schrecklich ... einfach schrecklich.

Aber Betty sagte: »Einen Augenblick, einen Augenblick, vielleicht irren wir uns alle.«

»Vielleicht will er uns nur sagen, daß ... nun ja ... wie kann er nur mit Dody etwas zu tun haben wollen, nachdem er Susies Brief bekommen hat ... er kann nicht ... die Frau ist ein Trojanisches Pferd ... ein ... ein kosmetisches Flickwerk ...«

Darauf bemerkte eine von ihnen bitter: »Ich wünschte, daß ich ... jede von uns ... so zusammengeflickt worden wäre.«

Ungefähr jetzt bemerkten die Mädchen, eine nach der anderen, Pollys Gesicht. Unter einer ungewöhnlich dicken Make-up-Schicht schien es voller Pickel und Pusteln zu sein.

»Was... was ist mit deinem Gesicht passiert, Polly?« fragte Marge schließlich.

Die arme Polly, Verbrechen zahlen sich nicht aus. Sie ließ den Kopf hängen und wisperte, daß sie nicht hätte widerstehen können, ein Stück von Bettys weißem Schokoladekuchen zu probieren, bevor sie ihn vorsichtig verpackte und zur Post brachte.

»Du hast...«, rief Betty wie vom Blitz getroffen aus. »Du... du meinst, daß... du ein Stück Kuchen genommen hast...«

»Ja, natürlich, das habe ich gesagt«, fauchte Polly und erhob ihren Kopf, um ihnen die Stirn zu bieten. »Schließlich habe ich nicht die... die Kronjuwelen gestohlen.«

»Verdammt noch mal, verdammt noch mal«, murmelte Betty atemlos.

Um genau fünf Uhr marschierten die Mädchen in Michaels Wohnung. Sie kamen hoch erhobenen Kopfes, mit ernsten Gesichtern und schnell schlagenden Herzen herein. Die Mädchen setzten sich auf die zwei Sofas, auf die Michael zeigte.

»Es ist nett von euch allen, ... daß ihr gekommen seid«, sagte Michael zu ihnen. Seine Stimme drohte ihm zu versagen. »Ich... ihr seid alle so nett zu mir gewesen... nun ja... Ich wünschte, die... andere Person würde sich beeilen... dies ist sehr... ah... peinlich für mich... und für euch Mädchen vielleicht auch...«

»Aber nein«, unterbrach ihn Marge niederträchtig. »Wir hätten es um nichts auf der Welt missen wollen. Nicht wahr, Mädchen?«

Auf keinen Fall, sagten die anderen, auf keinen Fall. Der arme Michael grinste ein dummes, einfältiges Lächeln, schaute auf seine Armbanduhr, bot den Mädchen einen Drink an, den sie alle ablehnten, und lief aufgeregt im Zimmer hin und her.

Dody schwebte um zehn nach fünf herein, es war keine Minute zu früh. Michael stand kurz vor einem Zusammenbruch. Drei der Mädchen seufzten laut.

»Statt daß ihr Gesicht zusammenfällt«, wisperte eine von ihnen bitter dem neben ihr sitzenden Mädchen zu, »sieht es so aus, als fiele unser großartiger Plan in sich zusammen.«

Es sah wirklich so aus. Der Plan war gescheitert. Tatsächlich hatten die Mädchen selbst an Boden verloren – etwas, was sie sich nicht leisten konnten. Sie waren um ihren Schlaf gebracht worden, hatten neue Falten bekommen, zwei von ihnen klagten über Kopfschmerzen und alle standen sie Todesängste aus, daß die verwerflichen Sachen, die sie Dody antun wollten, irgendwie der Polizei zu Ohren kamen, und sie verhaftet und ins Gefängnis gesteckt würden (»Fünf Großmütter verhaftet, wegen einer Verschwörung gegen eine jüngere und besser aussehenden Konkurrentin«, würde die Zeitungsüberschriften lauten. Was würden die Enkelkinder dazu sagen? Und Abdul und Minny?) Alles in allem, war es eine nervenaufreibende Zeit gewesen.

Die Mädchen, ganz krank vor Ärger, starrten in trübsinniger Faszination auf Dodys verbessertes Hinterteil, als sie durch das Zimmer wirbelte, um sich in den Sessel zu setzen, den ihr ein leichenblasser Michael zurechtrückte.

»Seht euch das an«, keuchte Betty atemlos. »Es sieht nicht so aus, als ob die Garantie bald auslaufen würde.« Die armen Mädchen, wie konnten sie mit einer kosmetischen Operation für fünfundvierzigtausend Dollar konkurrieren? Besonders, da zumindest zwei von ihnen seit dem Tod ihres Ehemannes ihr Geld ziemlich zusammenhalten mußten.

Es war Happy Hour, vier Uhr nachmittags an einem strahlend schönen Dezembertag in Tranquility Haven in Florida, und eine trübsinnige Stimmung breitete sich aus. Die Klimaanlage war abgestellt, und die Fenster des Hobbyraums waren weit geöffnet. Es war warm und sonnig. Vögel sangen, ein Windstoß blies durch die Palmen, und die ersten menschlichen Zugvögel kamen in Tranqility Haven an, um ihre Verwandten zu besuchen und über das unglaubliche Wetter in Begeisterungsstürme auszubrechen. Mein Gott, sagten sie neidisch, ihr habt wirklich ein tolles Leben. Ihr seid Rentner, braucht nie wieder arbeiten und lebt in einem Paradies. Mein Gott, was könnt ihr euch sonst noch wünschen?

Sie hatten wirklich Glück, unsere vier trübsalblasenden Witwen Helen, Betty, Polly und Susie, die alle Mitte bis Ende sechzig waren. (eine weitere von ihnen, insgesamt waren es jetzt zwei, behauptete, daß ihr letzter Geburtstag der sechzigste war; das liebe Mädchen, wir wissen es natürlich besser). Sie saßen auf ihren Stammplätzen und nippten gedankenverloren an ihren Drinks, halbherzig zankten sie mit den Zugvögeln und dachten zur gleichen Zeit an die Geschehnisse des letzten halben Jahres zurück.

Seit dem letzten Sommer hatte sich wirklich viel geändert, dachten die Mädchen. Da war diese hinterhältige, niederträchtige Marge, die jetzt in der Stadt bei Mike Mason wohnte und dort viel Spaß hatte. Und die letzte Neuigkeiten von Katastrophen-Nelly besagten, daß Marge gerade ihre Wohnung verkauft hatte. Sie hatte dafür fünftausend Dollar mehr bekommen als sie und ihr verstorbener Ehemann dafür bezahlt hatten. Mein Gott, es gab einfach keine Gerechtigkeit mehr.

Und jetzt hielten sich Dody und ihr Ehemann – der aus Palm Beach, ihr Ehemann Nummer vier – wohl gerade in Singapur auf. Sie machten eine Weltreise auf der Queen Elizabeth II. Es war ein besonders schwerer Schlag für die vier Mädchen gewesen – Marge war zu dieser Zeit schon ausgekniffen –, als Nummer vier in Tranquility Haven auftauchte und auf der Stelle mit Dody abhaute. Die Information war den Mädchen durch Katastrophen-Nelly mitgeteilt worden.

Es schien so, als wäre Ehemann Nummer vier einsam. Außerdem hatte er Dody seit ihren kosmetischen Operationen nach der Scheidung nicht mehr gesehen, das war vier Jahre her. Natürlich konnte er es kaum erwarten, Dody wieder vor den Altar zu schleppen, erzählte ihnen Katastrophen-Nelly »er ist schließlich ein Mann – und die sind doch alle gleich und fallen auf solche Luder herein«. Man darf gar nicht daran denken, stöhnten sich die Mädchen gegenseitig vor, daß wir sie wieder zusammengebracht haben. Und sie reist jetzt um die ganze Welt. Und was tun wir? Wir werden älter, das ist alles.

»Ich frage mich, wie es Michael in dem Priesterseminar ergeht?« sagte eine von ihnen.

»Gut, nehme ich an«, antwortete eine andere sanft. »Er wird... er wird ein... guter Priester... er ist... er ist...« Ja, dachten die anderen, er ist genau die Art Mann, die großartige Priester werden. Er war immer so... so... so... süß... und freundlich... und anders.

Dody hatte die Situation verdammt gut gemeistert.

»Nun ja«, hatte sie zu den Mädchen am Tag nach Michaels überraschender Ankündigung gesagt, manchmal gewinnt man, manchmal verliert man. In diesem Fall wurde Michael mir von einer ziemlich mächtigen Person gestohlen.

Die Mädchen waren geschockt, als sie diese Blasphemie hörten. Und Marge warnte Dody, daß »Gott dich für deine Worte strafen wird, denk daran«.

Dody lächelte ihr betörendes Lächeln und wirbelte davon. Die Mädchen starrten ihr mit hängenden Schultern in wütender, hoffnungsloser Verzweiflung hinterher.

Michaels Entscheidung hatte sie alle überrascht. Dody eingeschlossen, obwohl sie behauptete, daß sie schon alles über den kleinen Lügner gewußt hätte.

»Ich werde in einem Priesterseminar in Pennsylvania aufgenommen«, hatte Michael ihnen mitgeteilt. Er hatte sich schließlich beruhigt, vielleicht war er auch ein wenig stolz, auf jeden Fall war er glücklich. »Es ist das gleiche Seminar, das ich drei Jahre lang von 19... nun ja, das ich früher besucht habe, als ich noch viel jünger und sehr viel unsicherer über meine Lebensaufgabe war. Jetzt, nachdem meine liebe Ann von mir gegangen ist... ich... Ich habe jetzt eine wundervolle Gelegenheit, meine theologischen Studien wiederaufzunehmen. Ich wollte, daß ihr es erfahrt, weil... ihr seid alle so nett und freundlich zu mir gewesen... seit... seit...«

Zu dieser Zeit weinten schon alle Mädchen, sogar Dody. Dann umarmten und küßten sie ihn alle. Es war eine rührende Szene.

Wie schnell die Zeit vergeht, dachten die Mädchen. Jener Tag in Michaels Wohnung war... es war... *mein Gott*... vor vier Monaten. Es ist schrecklich, wie schnell die Jahre vergehen, wenn man allein ist und sie eigentlich – und so kommt es einem auch vor – nur ganz, ganz langsam vergehen sollten. Es ist eine seltsame Welt, eine traurige, unangenehme Welt.

Es war jetzt ungefähr vier Uhr dreißig. Angesichts der trübsinnigen Stimmung war es ein angemessener Zeitpunkt für Katastrophen-Nellys Erscheinen, die, so schnell sie konnte, in den Raum gehastet kam.

»Oh, oh, seht nur«, rief Betty aus, die das Ende der Welt gekommen sah. »Da kommt sie schon wieder... So wie Nelly aussieht, ist der Kaffeepreis jetzt auf acht Dollar für ein Pfund geklettert.«

Aber es handelte sich um Dody Schopenhammer.

»Es ist nichts wirklich Aufregendes passiert«, sagte Katastrophen-Nelly schnell. »Aber vielleicht interessiert ihr euch dafür. Ihr erinnert euch doch an sie?«

Natürlich erinnerten sie sich an Dody Schopenhammer... Was war mit ihr? Sie schenkten Katastrophen-Nelly ihre ungeteilte Aufmerksamkeit.

»Nun ja, ich habe erfahren, daß Dodys jüngere Schwester... sie ist natürlich geschieden... jetzt in Dodys früherer Wohnung lebt... Sie will hier während des Winters bleiben, habe ich gehört.«

Hmmmmm, das war interessant... aber die Mädchen erkannten an dem verschlagenen Ausdruck, der auf dem faltigen Gesicht des kleinen Teufels lag, daß noch mehr kommen mußte.

Sie hatten Recht.

»Außerdem habe ich aus einer Quelle erfahren, die nicht genannt werden will«, fuhr Katastrophen-Nelly fort und amüsierte sich köstlich, »daß ein gewisser Witwer aus eurem Gebäude... todschick herausgeputzt, wurde mir gesagt... ein richtiger Gentleman... er sah genauso aus, wie zu Lebzeiten seiner Frau... also...«

»Also was, Nelly?« wollte eine von ihnen wissen. »Mach weiter... was?«

»Nun ja, mir wurde berichtet, daß er gesehen wurde, wie er während der letzten Tage vier oder fünf Mal in Dodys Wohnung geschlichen ist. Es scheint so, daß Dodys Schwester dort anfängt, wo Dody aufgehört hat.«

Das rüttelte die Mädchen wirklich auf (Nelly zitterte an ihrem ganzen, mageren, schmalen Körper – es war gut zu wissen, daß sie immer noch einen Platz im Leben hatte, sie war noch nicht am Ende). Zwei von ihnen waren besonders erschüttert. Tatsächlich waren sie außer sich vor Wut, aber sie durften es Nelly und den anderen beiden Mädchen nicht merken lassen. Sie hatten ihren Stolz überwunden und an Harold, den sorglosen Witwer, einen anonymen Brief geschrieben – vor zehn Tagen eine, erst vergangene Woche die andere – in dem sie ihn baten »während der Happy Hour an den runden Tisch, an der Ostseite des Hobbyraumes neben den Topfpflanzen, zu kommen.« Sie könnten reden... etwas lachen... miteinander vertraut werden. Warum sollen wir es nicht versuchen, Harold?

Keine von beiden machte auch nur die geringste Andeutung über Harolds... kleinen Fehler. Eines der Mädchen hatte entschieden, daß er exzentrisch sei. Und die andere war sich sicher, daß das Problem gelöst werden könnte, wenn die Romanze erst weiter fortgeschritten war (»soll ich dir Badewasser einlassen, Liebling, oder willst du lieber duschen? Ich habe dir saubere Kleidung herausgelegt, auf unser... auf das Bett...«).

Es war zu spät für Geziertheiten. Harold war der einzige verfügbare Witwer, der einzige in Elysium, der nicht andauernd während der Happy Hour einschlief. Und da Marge sich Mike Mason geangelt hatte – die Mädchen schworen, daß sie ihr das niemals vergeben würden – und Dody sie ausgetrickst hatte, waren die Mädchen, alle vier, vollständig verzweifelt.

Die geheime Versammlung wurde noch am gleichen Abend in Bettys Wohnung abgehalten. Helen machte sich Notizen.

ANR. N. AUFL. – HEL – SUS (Helen und Susie rufen Dodys Schwester abwechselnd in den frühen Morgenstunden an und legen dann auf. Jede soll wenigstens zweimal pro Nacht anrufen – sie soll nicht zur Ruhe kommen).

ABF. – BET (Betty backt einen Kuchen mit einem Abführmittel darin).

K. EINP. VERSCH. – POL (Polly packt den Kuchen attraktiv ein und schickt ihn ihr per Post zu. Mit einer Karte, auf der »Von einem Bewunderer« steht).

»Was haltet ihr davon, einen Privatdetektiv zu engagieren«, schlug jemand vor. »Wer weiß, was für eine schlimme Vergangenheit Dodys Schwester hat.« »Nun ja... laß uns damit warten... laß uns erst mal abwarten, wie die anderen Sachen funktionieren. Okay?«

Später, wieder zurück in ihren leeren Wohnungen, dachte jede von ihnen, dieses Mal werde ich meine Aufgabe wirklich erfüllen. Ich werde nicht nur so tun, als hätte ich es gemacht, wie beim letzten Mal. Wir können uns nicht länger wie Fußabtreter behandeln lassen. Was fällt diesem Störenfried ein? Dieser Fremden, dieser Außenseiterin? Sie kommt einfach hierher und versucht, sich unseren Witwer zu angeln. Wie kann sie sich unterstehen? Dieses Mal wird es anders werden. Ich werde meine Aufgabe erfüllen.

Beim letzten Mal hatte keines der Mädchen die ihm zugewiesene Aufgabe erfüllt. Sie konnten es einfach nicht tun. Und sie schämten sich alle so sehr, daß sie ihr Pflichtversäumnis für sich behielten. Weder Marge noch Helen hatten Dody angerufen, um ihren Schönheitsschlaf zu stören und den Tag, an dem ihr Gesicht in sich zusammenfiel, schneller herbeizuführen.

O Susie, die Schriftstellerin, hatte eine beißende Anklage über Dody verfaßt – »Du bist nichts anderes als ein Trojanisches Pferd, eine kosmetische Flickschusterei, eine Beleidigung für anständige Frauen, und wenn du nicht sofort mit deinen verächtlichen Versuchen aufhörst, den netten, anständigen, unschuldigen Michael zu umgarnen, dann werde ich, eine anonyme Informantin, ihm alles berichten« – aber sie hatte sie wieder in Stücke gerissen.

Und Betty hatte den Kuchen gebacken. Es war ein ganz gewöhnlicher Kuchen, ohne ein Gramm weißer Schokolade darin. Sie wunderte sich darüber, daß Polly Ausschlag bekommen hatte, als sie ihn probierte. Sie wußten alle, daß Polly Schokolade liebte und sie andauernd aß. Außerdem war in dem Kuchen überhaupt keine Schokolade gewesen.

Und Polly hatte den Kuchen nicht abgeschickt. Sie hatte ihn verpackt und dabei große Qualen ausgestanden. Aber schließlich hatte sie ein kleines Stückchen abgeschnitten und gegessen. Es war einfach verführerisch. Dann warf sie das Paket in einen grünlich aussehenden Kanal, in dem plötzlich ein riesiger Alligator auftauchte und das Paket auf einmal hinunterschlang. Die arme Polly, sie hätte fast einen Herzinfarkt bekommen.

Polly wunderte sich sehr darüber, daß sie am nächsten Tag einen häßlichen Ausschlag mit Pusteln und Pickeln bekam. Sie hatte ihr ganzes Leben lang Schokolade gegessen. Sie liebte Schokolade. Und jetzt mußte sie darauf verzichten. Aber so ist das eben, wenn man älter wird, man muß ein Vergnügen nach dem anderen aufgeben.

Originaltitel: FOLLING A FEMME FATALE, 12/86
Übersetzt von Gabriele Kunstmann

John F. Suter

Schädel, Stein und Eisen bricht

Pete Bender hatte den Ausdruck »lebender Stein« sicher niemals wörtlich genommen. Dabei hätte man das Material, mit dem sein Vater, wie schon Generationen vor ihm, sein Leben lang gearbeitet hatte, kaum besser beschreiben können. Pete selbst hatte sein Leben darauf eingestellt, die Tradition fortzusetzen.

Vier weitere Männer arbeiteten für ihn, aber mit Pete sollte die Tradition der Familie wohl enden. Mit einem der Werkzeuge seines Handwerks hatte Bender seine Frau ermordet, und die hatte ihn bis dahin keine Kinder geschenkt.

Bender, ein magerer Mann mit hagerem Gesicht, dunkelblauen Augen und rabenschwarzem Haar, paßte nicht in das Klischee des Steinmetzen, der wie Herkules aussieht. Vielleicht hatte sich seine lebhafte Frau Marie, deren Familie erst vor einer Generation Frankreich verlassen hatte – so wie Benders Familie ihr Heimatland –, genau daran gestört.

»Du baust vielleicht schöne Häuser für die Reichen«, begann sie gern ihre Rede. »Aber denkt irgend jemand daran, dich an den Prachtbauten der Stadtverwaltung zu beteiligen? Den exklusiven Clubhäusern? Den kleinen Brücken in den Stadtparks? Nein. Du machst alles falsch.«

Pete schlürfte seinen Wein und schenkte ihr ein mattes Lächeln. »Uns geht es doch gut.«

»Was heißt schon gut! Jedenfalls ist unser Leben nicht aufregend.«

Von diesem Punkt an hätte jeder das Drehbuch weiterschreiben können. Es endete an dem Tag, als Marie und Pete spät abends im Minutenabstand nach Hause kamen. Pete sortierte gerade seine Werkzeuge auf der Ladefläche seines Lieferwagens, als der rote Ferrari bremste, um Marie abzusetzen. Er brauste davon, und sie ging schwankend auf Pete zu.

Bender musterte sie voller Ekel. »Wer war das?« fragte er und artikulierte die Worte überdeutlich. »Bist du es ihm nicht wert, zur Tür begleitet zu werden? Oder wagt er es nicht, mir unter die Augen zu kommen?«

Sie versuchte, ihr Haar zurückzuwerfen, aber die Anstrengung, das Kinn zu heben, war zuviel für sie.

»Vor dir wird er Angst haben«, murmelte sie, »vor dir halber Portion. Dich stopft er in den hohlen Zahn.«

Pete hielt seinen besten Steinhammer umfaßt. Er wog ihn in der Hand. »Falls er einen Zahn übrigbehält.«

Marie versuchte, ihre Augen auf das Werkzeug zu richten. »Soll ich dir mal was verraten? Vor langer Zeit hast du dir ein Stück Granit zurechtgehauen und dir in die Brust gesetzt. Dahin, wo die meisten Menschen ein Herz haben. In dir fließt kein Blut. Bloß Wasser und Schlamm aus Granitstaub.«

»Ein Zuhause wollte ich«, knurrte Pete. »Ist das ein Zuhause, was du mir bietest?«

»Kein Mensch kann ein Mauseleum in ein Zuhause verwandeln!« Sie schwankte, und die Worte sprudelten aus ihr hervor. »Ich will Wärme!«

Einst hatte Pete gewünscht, für sie etwas zu erschaffen, das jenseits all dessen läge, was je von Menschenhand geschaffen worden war. Daran erinnerte er sich jetzt und sah es weggewischt wie eine Sandburg vom Ozean. Wärme hatte er ihr nun wirklich angeboten, bis zum Übermaß. Mit einem Mal war es ihm zuviel.

Wie von allein hob sich sein Arm, und er schlug mit der flachen Seite des Hammers auf sie ein. Viermal, und jeder Hieb landete auf einer anderen Seite ihres Kopfes, der sich unter der Kraft seiner Schläge drehte.

Als er über dem stand, was von ihr übriggeblieben war, legte er die rechte Hand vor sein Gesicht und stöhnte. Dann ging er ins Haus, zum Telefon.

Zu seiner Überraschung wurde sein Anruf beantwortet.

Er nahm seine Kraft zusammen und sagte langsam: »Hier ist Bender. Sie sollten die Polizei anrufen. Ich habe gerade Ihre Hure umgebracht.«

»Darf ich Ihnen nachschenken, Herr Richter?« fragte Arthur Price und wies auf das Glas in der rechten Hand seines Besuchers.

Richter Whiteman bewegte sich in den Tiefen des Ledersessels. »Aber gern, Art.«

Price, ein erfolgreicher Anwalt, dem noch einige Jahre Praxis fehlten, um zur Institution zu werden, eilte quer durchs Zimmer an die Bar. »Habe ich Ihnen schon erzählt, daß wir über ein neues Haus nachdenken?« sagte er wie nebenbei.

Richter Whiteman, einer von der Sorte Richter, die ihre Würde mit der schwarzen Robe an- und ablegen, sah ihn an. »Sie wissen wohl nicht mehr, wohin mit dem Geld, wie? Was mich angeht, ich wäre mit diesem Haus vollauf zufrieden.«

Price füllte den Scotch mit Wasser auf und gab Eis zu. »Es ist recht komfortabel, ja, aber Anne wird das Drumherum schon lange zuviel. Alle paar Jahre muß neu gestrichen werden und so weiter. Sie hätte gern ein Haus aus Stein.

»Leichter instand zu halten, zugegeben«, sagte der Richter und nahm das Glas entgegen. »Die hohen Baukosten – na, Sie werden sich's leisten können, denke ich. Wer soll die Steinhauerarbeiten machen?«

»Das ist das Problem«, sagte Price und setzte sich in den Sessel gegenüber. Er strich sich über sein leicht ergrautes Haar. »Sie sind gerade dabei, den Mann zu verurteilen, den ich dafür haben wollte. Wahrscheinlich werde ich jemanden von außerhalb beauftragen müssen. Aus der Gegend kommt sonst niemand in Frage.«

Der Richter nahm einen Schluck. »Bender? Er hat schließlich nicht allein gearbeitet. Nehmen Sie seine Leute. Könnte doch sein, daß einer von denen zu so einer Arbeit in der Lage wäre.«

»Daran habe ich auch schon gedacht, aber sie meinen, ihnen fehle jemand mit Benders Geschäftssinn und seinem Blick für das Ganze.«

Der Richter überlegte. »Zu schade, daß sein Vater schon vor zwölf Jahren sterben mußte. Dieser alte Italiener –« Er stockte. »Oder war er Österreicher? Er hat seinen Namen geändert, bevor er hergekommen ist. Könnte es Benda gewesen sein? Oder Bendt? Ist ja auch egal.«

»Ganz richtig, das ist jetzt egal«, sagte der Anwalt ungeduldig. »Wieviel Jahre wollen Sie Bender geben?«

Richter Whiteman starrte in sein Glas. »Da habe ich mich noch nicht entschieden.«

Price hielt sich an seinen eigenen Drink. »Es wäre doch wirklich bedauerlich, der Allgemeinheit die Talente dieses Mannes unzugänglich zu machen. Unter den Umständen hätte ich vielleicht das gleiche getan wie er.«

Der Richter sah auf. »Die Richtung, die Sie andeuten, war mir bis jetzt fremd. Aber warum eigentlich nicht? Andere Richter haben es so gemacht.«

»Sie würden sich wahrscheinlich nicht gerade beliebt machen.«

»Bei wem?« fragte der Richter. »Oh, natürlich bei Jules Vernet, dem Bruder der Frau. Und vielleicht bei diesem Waschlappen, der alles ausgelöst hat. Ich frage mich manchmal, warum Bender nicht *ihm* den Schädel zertrümmert hat. Fällt Ihnen sonst noch jemand ein?«

»Ein Teil der lieben, unberechenbaren Öffentlichkeit. Die zum Beispiel, die Maries Bild in der Zeitung gesehen, aber sie nicht selbst gekannt haben.«

Judge Whiteman dachte darüber nach. »Ich lasse mich niemals von der öffentlichen Meinung beeinflussen. Und doch, das will schließlich gründlich überlegt sein.«

Richter Whiteman hatte zwei Personen in den Gerichtssaal rufen lassen, bevor er Pete Bender wegen Totschlags an seiner Frau Marie verurteilte. Die eine war Bender selbst; die andere Jules Vernet, ein breitschultriger Kunstschmied mit einem Brustkorb vom Umfang eines Weinfasses. Während Bender nur dunkles Haar hatte, waren nicht nur Vernets Augen und Bart dunkel; finster war auch sein Blick.

Der Richter mußte in seiner Robe den beiden wie die unbestrittene Verkörperung des Rechts erscheinen. Er schaute als ersten Vernet an, der links vor ihm saß.

»Ich habe Sie beide hereingebeten«, hob er an, »weil das, was ich nachher verkünden will, sehr ungewöhnlich ist. Mr. Vernet, ich wollte Sie das nicht unvorbereitet hören lassen, weil ich nicht möchte, daß Sie die Würde des Hohen Gerichts verletzen.«

Vernets milchig-weißes Gesicht errötete. »Ich respektiere das Gesetz, Euer Ehren.«

Der Richter rieb sich das Kinn. »Das glaube ich Ihnen. Wie dem auch sei —«

Er wandte sich Bender zu. »Welches Strafmaß erwarten Sie?«

Bender zuckte mit den Achseln, sein Gesicht war ausdruckslos. »Kann ich nicht sagen. Sie sind der Richter.«

»Mr. Vernet, Ihre Meinung?«

Das Rot wich von Vernets Wangen. »Auge um Auge.«

»Das ist nur zu verständlich. Schließlich war sie Ihre Schwester.«

Er faltete seine Hände und sah auf sie nieder. »Alles deutet doch darauf hin, daß Mr. Bender im Affekt gehandelt hat, nachdem er stark provoziert worden war. Er hätte sich natürlich beherrschen müssen. Als gewalttätiger Mann ist er, nach allem, was man hört, nicht bekannt. Außerdem weiß man, daß er außerordentlich talentiert in seinem Beruf ist. Unglücklicherweise bietet der Strafvollzug in unserem Staat keine Möglichkeit, seine Talente zu nutzen, auch bei Zwangsarbeit nicht.

Andererseits, wenn wir Mr. Bender ins Gefängnis schicken, wird die Allgemeinheit die Dienste einer sehr fähigen Person einbüßen. Es ist wahr, er ist für seine Arbeit gut bezahlt worden. Man kann seine Inhaftierung auch so sehen: die Bürger unseres Staates werden eine stattliche Summe aufbringen müssen, um ihn einzusperren, während seine Talente für nichts Nützliches mehr zur Verfügung stehen.«

»In den letzten Jahren«, fuhr er fort, »haben sich die Gerichte einer bestimmten Art von Kriminellen unter neuen Aspekten zugewandt: ob es nicht besser sei, bei Fahrerflucht, einmaligen Unterschlagungen, fahrlässiger Tötung und ähnlichen Verbrechen die Täter auf freien Fuß zu lassen, und ihnen zu erlauben, ihr normales Leben weiterzuführen, wenn sie einen Teil ihrer Energien dem Dienst an der Gemeinschaft gewidmet haben. Auf diese Weise können ihre Familien fortbestehen und die Gesellschaft profitieren.«

Der Richter sah Bender direkt an. »Ich habe entschieden, mit Ihnen genauso zu verfahren, Bender.«

Die Stimme des Steinmetzen war rauh. »Danke, Euer Ehren. Das ist besser, als ich es verdiene.«

»Und *das* ist eine Untertreibung«, brüllte Vernet. Er sprang aus seinem Stuhl hoch und wollte auf Bender losgehen. »Ich bringe ihn auf der Stelle um und nehme die Folgen auf mich!«

Richter Whiteman hatte das vorausgesehen und einen Knopf gedrückt. Die Hintertür sprang auf, und zwei stämmige Wächter rannten herein. Vernet hatte Bender kaum erreicht, da hatten sie ihn schon gepackt und zur Seite gezogen.

»Mr. Vernet«, fuhr ihn der Richter an. »Jetzt sehen Sie, warum ich im kleinen Kreis mit Ihnen sprechen wollte. Setzen Sie ihn wieder auf den Stuhl«, befahl er.

Nachdem sich alle beruhigt hatten, sagte Richter Whiteman, ohne noch jemanden einzeln anzusehen: »Ich möchte zum Schluß kommen. Mr. Bender wird seinen Beruf weiter ausüben dürfen. Aber er wird zwei weitere Aufgaben übernehmen müssen, und vielleicht kommen später weitere dazu.

Erstens: die Stadt will eine kleine, nichtkonfessionelle Kapelle errichten, die an die Gefallenen in Korea und Vietnam erinnern soll. Sie soll aus Stein errichtet werden. Diese Arbeit werden Sie übernehmen. Ihre Leute werden Geld dafür bekommen, Sie nicht. Ihre Arbeit soll ein Dienst an der Allgemeinheit sein. Wenn Sie damit fertig sind, können weitere folgen.

Zweitens: Sie werden eine Gedenksäule für die Frau errichten, die Sie ermordert haben.«

»Sie ist schon beerdigt, mit einem schönen Stein auf ihrem Grab«, fuhr Vernet dazwischen.

»Die Säule soll auf einer der Grüninseln auf dem Friedhofsweg stehen«, sagte der Richter. »Es wird eine Ehrung sein, Sir.«

Er wandte sich wieder Bender zu. »Sie werden eine Skizze erhalten. Das Material, das Sie brauchen, sollen Sie bekommen. Sie werden die Säule ganz ohne Hilfe aufbauen. Dabei sind einige Regeln zu beachten.«

»Was immer Sie verlangen« stimmte Bender zu.

Der Richter fuhr fort: Die Pflasterung um das Fundament herum dürfen Sie ausführen, so schnell sie wollen. Aber für die Säule selbst dürfen Sie nur Steine verwenden, die nicht größer sind als zehn Inch in der Höhe und sechs Inch in den beiden anderen Dimensionen. Die Steine müssen nicht gleich groß sein. Und Sie dürfen nur einen Stein pro Monat setzen. Zum Schluß soll eine einfache Bronzetafel an der Säule angebracht werden. ›Marie Vernet Bender, 17. Februar 1943, 6. Juni 1973‹, soll darauf stehen.

Wenn Sie die Säule beendet haben, gilt Ihr Urteil als vollstreckt.«

Bender hatte aufmerksam und mit wachsendem Interesse die Einzelheiten seines Urteils vernommen. Vom Moment seiner Verhaftung bis vor etwa einer Stunde war etwas in ihm wie tot gewesen. Keinen Stein gestalten zu dürfen, hatte ihn zu einer reinen Verdauungs- und Schlafmaschine reduziert. Jetzt erhielt der die Chance, wieder ein ganzer Mensch zu werden. Dabei trauerte er ehrlich um Marie – die Marie, die er einmal geheiratet hatte. Tief in seinem Innern fühlte er, daß der Marie, die er getötet hatte, schon viel zu viel Aufmerksamkeit zukam.

»Ich habe einige Fragen, Euer Ehren«, sagte er.

»Nur zu.«

»Für die Säule – welche Art Stein?«

»Sandstein, Kalkstein, Granit – darauf kommt es nicht an.«

»Ich meinte, welcher Stil?«

Der Richter runzelte die Stirn. »Behauener, rechteckiger Stein.« Er musterte den Steinmetz. »Führen Sie was im Schilde, Bender?«

Bender schüttelte den Kopf. »Ich hätte lieber Bruchstein genommen, aber ich folge Ihren Anweisungen, Euer Ehren.«

»Bruchstein!« schnaubte Vernet. »Simpler alter Feldstein. Nicht einmal jetzt hat er Achtung vor ihr!«

»Ich werde es so machen, daß selbst du stolz darauf sein wirst«, sagte Bender.

»Ach richtig«, unterbrach in Richter Whiteman. »Mr. Vernet wird einer der drei Männer sein, die Ihr Werk beurteilen sollen. Er wird Ihnen kritisch gegenüberstehen. Aber er wird fair sein. Wir werden dafür sorgen.«

Bender pfiff leise durch die Zähne. Dann fragte er: »Soll die Säule hohl oder massiv werden?«

»Massiv.«

Bender zog die Augenbrauen hoch.

»Paßt Ihnen an meinen Bedingungen irgend etwas nicht?« fragte der Richter. »Wenn dem so wäre, hätte ich auch ein anderes Urteil für Sie parat. Das übliche.«

»Doch, mir ist es recht, Euer Ehren«, sagte Bender, und vermied, Vernet anzusehen, als er hinzufügte: »Mir schon.«

Nachdem der Richter sein Urteil öffentlich verkündet hatte, machte sich Pete Bender daran, sein Leben auf die neuen Begebenheiten einzustellen. Er schaffte alles aus dem Haus, was in irgendeiner Weise auf Maries Einfluß zurückging. Am Ende fand er sich in einer ziemlich kargen Behausung wieder. Er versuchte, damit fertigzuwerden, indem er Räume verschloß, die er nicht brauchte. Die aussortierten Sachen machte er zu Geld. Vernet versuchte zwar, einige dieser Dinge für sich zu beanspruchen, doch Bender kümmerte sich nicht darum.

In ruhigen Minuten stellte er die notwendigen Berechnungen für die Säule an. Das Fundament sollte den Anweisungen des Gerichts nach nicht weniger als drei Fuß im Quadrat umfassen. Von da aus würde die Säule auf einen Punkt zu enger werden, der mindestens sechs Fuß über dem Grund lag. Es war ihm freigestellt, das Fundament zu vergrößern oder das Ganze höher anzulegen, wenn er wollte.

Als er die ersten Schätzungen beendet hatte, verstand er die Bedingungen des Richters. Im Geiste verbeugte er sich vor dem Richter oder vor dessen Ratgeber, wenn es einen gegeben hatte.

Der Bau würde zwölf Jahre dauern, wenn er einen Stein pro Monat anbrachte.

Er grinste. Es sei denn –

Wieviel und welchen Mörtel er verwenden sollte, war nicht festgelegt worden.

Er konnte so viele oder so wenige Steine verwenden, wie er wollte, solange er anständig arbeitete und das Ganze gut aussah.

Aber seine Heiterkeit hielt nicht lange an. Ihm war klar, daß seine Handwerkerehre es ihm nicht erlauben würde, solche Kniffe anzuwenden.

Er kam zu dem Schluß, daß er mit mindestens elf Jahren zu rechnen hatte.

Es fiel ihm nicht leicht, sich an das neue Leben zu gewöhnen. Bender mußte feststellen, daß er an einige Orten, wo Marie geschätzt worden war, nicht mehr gern gesehen wurde. Er würde auf manches, an dem ihm viel gelegen war, verzichten müssen. Zu guter Letzt fand er sich auch von seiner Kirchengemeinde geächtet, die sich um die Gebote ihres Begründers offenbar nicht viel kümmerten. Aber Pete fand die gesuchte religiöse Gemeinschaft bei einer Gruppe, die ihre Mission in der unteren Sphäre der Gesellschaft erfüllte, ohne viel Fragen zu stellen.

Er suchte weder Freunde noch Bekannte. Seine Arbeiter standen ihm unverändert loyal gegenüber, und es gab genug Freunde, die sich nur ungern an die Marie erinnerten, die ihn in den letzten Jahren gequält hatte.

Er hatte vorgehabt, gleich mit der Gedenksäule zu beginnen, als Start in die Freiheit und zur Erneuerung seines persönlichen Verhältnisses zum Stein. Aber bevor er mehr getan hatte, als einen Vorrat an Sandsteinen bei den örtlichen Steinbrüchen zu bestellen, war Arthur Price wegen seines neuen Hauses an ihn herangetreten.

Bender studierte die Pläne, die vor ihm auf dem Arbeitstisch lagen.

»Ein gut durchdachtes Haus«, sagte er. »Es wird mir ein Vergnügen sein, für Sie zu arbeiten, Mr. Price.«

»Und Sie sehen keine Probleme?« fragte der Rechtsanwalt und fuhr mit dem Zeigefinger über die Tischkante.

»Aber nein, Sie werden sehen, daß wir sehr anpassungsfähig sind. Eines wäre zu bedenken: Sie brauchen uns nicht für das Fundament oder die Grundmauern. Der Stein dient ja nur zur Verkleidung. Es wäre billiger, jemanden wie Miller Brothers damit zu beauftragen. Wir können natürlich auch alles machen, aber mit den Millers kommen wir gut zurecht. Es ist ihr Geld.«

Price war ganz in Gedanken versunken.

Bender lächelte. »Lassen Sie sich Zeit, Mr. Price. Sie können mir später Bescheid geben. Wir haben vorläufig auch so reichlich zu tun.«

»Ich könnte Zimmermann den Auftrag geben. Was halten Sie davon?«

»Ein guter Mann. Ich weiß nicht, wie er zu mir steht. Wir werden sehen.«

Price klopfte mit dem Fingerknöchel auf den Rand des Tisches. »Na gut. Wenn es Ihnen wirklich recht ist, werde ich mal bei den Miller Brothers anfragen.

»Sicher.« Und für dich ist das eine gute Reklame, dachte Bender. Aus dir wird noch was. Bringst das Geld unter die Leute.

Zwischendurch kam ihm der abwegige Gedanke, Richter Whiteman könnte ihm Kunden zulotsen, damit er um so eher ein nützlicher Bürger bleiben könne.

Das hätte ihm nicht gefallen. Er trug wahrlich schon genug Schuld mit sich herum.

Im Stadtrat verzögerte sich das Projekt der Gedächtniskapelle, weil man über irgendwelche Details keine Einigkeit erzielen konnte.

Kaum war ihm das klar geworden, machte sich Bender zum Friedhof auf, fand den Platz, wo die Säule stehen sollte, und steckte ihn ab. Er verabredete mit dem Aufseher, daß das Gras entfernt würde. Dann, nachdem der Rasen verschwunden war, kam er wieder, hob etwas Boden aus, glättete den Grund und goß das Fundament.

Am nächsten Tag kam er mit Brettern zurück, die er für den Rahmen zurecht gesägt hatte, nagelte sie im Rechteck zusammen. Schließlich nahm er den Eckstein, den er schon herausgebrochen und zurechtgehauen hatte, und mauerte ihn sorgfältig fest, wobei er den wenigen überschüssigen Mörtel abwischte.

Es sah klein und wie eine abgebrochene Arbeit aus, der symbolische Anfang von etwas, das ein unsteter Mensch niemals beenden würde. Aber für Pete stellte sich das anders dar. Jeder Stein würde ihn wieder an das erinnern, was er getan hatte.

Achtzehn Monate brauchte er für den Sockel der Säule. Zuerst war er auf die Idee gekommen, den Kern mit Beton zu füllen, ohne Stein, aber er fürchtete die Folgen der Ausdehnung. Pfuscherei würde ihn für eine zu lange Zeit an das Projekt fesseln.

Inzwischen war Prices Haus längst fertig, zu seiner und Richter Whitemans Zufriedenheit. Der Bau der Gedächtniskapelle ging in den zweiten Monat.

Der neunzehnte Monat war angebrochen, und Bender hatte den ersten Stein der zweiten Schicht gemauert, wobei der Rand etwas zurückgesetzt angelegt werden mußte.

Am nächsten Tag bekam er von Richter Whitemans Sekretär Bescheid, das Dreimann-Inspektions-Team wolle einen Blick auf seine Arbeit werfen. Bender sollte dabei sein. Diese Bitte überraschte ihn. Bender wußte, daß schon vorher Inspektionen stattgefunden hatten, aber noch nie war er dabeigewesen, noch hatte man ihm gegenüber irgendwelche Kommentare abgegeben.

Um zehn Uhr morgens kam er am Friedhof an. Sein Ex-Schwager und zwei weitere Männer waren schon da.

Als sie näherkamen, sah Vernet erst ihn, dann die beiden anderen Männer an. »Ich denke, wir können jetzt anfangen.« Er sprach Sheets, einen wettergebräunten Bauunternehmer, an. »Willst du nicht den Anfang machen, Bill?«

Sheets sah entschuldigend zu Bender herüber. Offensichtlich hielt er es für Zweitverschwendung, auch nur einen Stein zu inspizieren. Er ging zum Bauwerk, beugte sich vor und musterte es genau.

»Sieht nach einem sauberen Fundament aus, finde ich«, sagte er.

»Keine Schlagseite? Steht es gut und fest? Mach schon, Bill, ruck ein bißchen daran«, trieb ihn Vernet.

Der alte Mann sah noch verlegener drein, beugte sich vor und gab dem obersten Stein einen halbherzigen Stoß. Aber so schwach der auch gewesen sein mochte, für den Stein war es zuviel.

Der Mörtel bröckelte, und der Stein fiel zu Boden.

»Nun seht euch das an«, jubelte Vernet. »Bill – du hast es gesehen. Und du auch, George. Das ist Pfuscharbeit, wenn ich jemals welche gesehen habe. Hast du etwa erwartet, du kämst damit durch, Bender?«

Benders Mund war nur noch ein dünner Strich. »Da muß jemand drangewesen sein. In meinem ganzen Leben habe ich keine zwei Steine zusammengemauert, die wieder auseinandergebrochen wären.«

»Hört ihn euch nur an«, höhnte sein Ex-Schwager. »Das war die Geschichte der Ehe meiner Schwester: billig, knickrig, zehntrangig...«

»Ich werde ihn heute nachmittag wieder festmauern«, sagte Bender. »Wenn er morgen nicht wie der Fels von Gibraltar steht, gebe ich meinen Beruf auf.«

»Du wirst mit gar nichts aufhören, bis die ganze Säule steht«, brüllte Vernet und drohte mit dem Zeigefinger. »Und du wirst ihn erst nächsten Monat wieder dort aufbauen. Er zählt als weiterer Stein.«

»Aber –«

»Ein weiterer Stein, du kannst den Richter fragen.«

Bender sah die anderen beiden Männer an. »He, ihr zwei, ihr kennt mich. Ihr kennt meine Arbeit. Würdet ihr mir so etwas zutrauen?«

Beide wichen seinem Blick aus. Sheets murmelte, jeder könne mal einen schlechten Tag haben. »Nächsten Monat hättest du es sicher selbst gemerkt und ausgebessert, Pete«, schloß er.

Bender sagte nichts. Er nahm den Stein auf und ging damit davon. Er grübelte den ganzen Heimweg über.

Als er sein Materiallager erreicht hatte, machte er sich an die Vorräte, die eigens für den Bau der Säule herbeigeschafft worden waren. Den Steinstapel ignorierte er, er interessierte sich für den Sand, Kalk und Zement. Proben davon füllte er in kleine Fläschchen.

Eine Stunde später war er an Vernets Arbeitsplatz. Er fand ihn in der Werkstatt, wo er gerade ein Stück Schmiedeeisen formte, eine Hängelampe im letzten Stadium der Bearbeitung. »Was willst du?« fragte der schwergewichtige Mann. Kommst hier heulend angeschlichen, weil ich dir aus der Patsche helfen soll, wie?«

»Nicht nötig«, entgegnete Bender. »Eben habe ich ein paar Proben meiner Materialien zum Chemiker gebracht. Es ist nicht besonders schwierig, dies oder das auszutauschen. Und ich glaube, daß genau das passiert ist.«

»Denkst du dabei an mich?« Vernet nahm einen Hammer auf und wog ihn in der Hand. Bender fragte sich, ob Vernet mit der Arbeit fortfahren oder ob er ihm wohl drohen wollte. »Ja, das verstehe ich«, sagte Vernet schließlich. »Für mich wirst du immer ein Bastard bleiben. Marie war meine kleine Schwester, und du hättest eine Menge anderer Dinge tun können, als sie umzubringen.«

Bender sah sich im Raum um. Etliche große Karten mit verschiedenen Arten verschnörkelter Schrift hingen an den Wänden. »Was ist denn das? Übst du dich nach Feierabend in Schönschrift?«

Dieser Wechsel des Themas überraschte Vernet. »Nein. Ich habe einen Auftrag für Balkongitter an den großen Balkonen von Dave Grinstcads Haus. Ich soll abwechselnd seine und ihre Initialen hineinarbeiten, ihrer Handschrift entsprechend. Die hier haben sie mir zum Ansehen und Üben hiergelassen.«

»Ach so«, sagte Bender. »Ich will mich mal so ausdrücken: Ich glaube nicht, daß du die Eisenteile zusammenschweißen würdest, wenn du die Initialen für Grinsteads Gitter formst. Könntest du dir vorstellen, daß ich bei Maries Mahnmal pfuschen würde?«

Vernet sah ihn lange an. »Nein, Bender, ob du es glaubst oder nicht, ich könnte es mir nicht vorstellen. Ich weiß nicht, was dir der

Chemiker erzählen wird, aber ich habe dein Zeug nicht angerührt. Aber das schließt natürlich andere nicht aus.«

Er drehte sich zur Seite, um den Hammer zurückzulegen, dann wandte er sich wieder Bender zu. »Vielleicht hat es ja jemand machen *lassen*?«

Später mußte Bender erfahren, daß sein Kalk durch gemahlene Kreide und sein Zement durch eine Mischung aus Schwerspat, Kohlenruß und einer Spur Zement (wegen des Geruchs) ersetzt worden waren. Er schaffte die Säcke fort und hielt sich an seine eigenen Materialien. Nur noch einmal tauchte ein ähnliches Problem auf. Das war zwei Jahre später. Jemand hatte die gesamte obere Fläche des Säulenfragments mit einer öligen Substanz gestrichen, die verhindern sollte, daß frisch aufgetragener Mörtel noch haftete. Bender konnte die Oberfläche mit Farbenverdünner und einer Drahtbürste so weit säubern, daß der nächste Stein erfolgreich angebracht werden konnte.

Weder bei seinen privaten Aufträgen noch bei der Kapelle kam es zu vergleichbaren Zwischenfällen.

Sonst vergingen die Jahre ohne weitere Sorgen. Einmal war ein Zementsack einen Monat, nachdem er ihn erhalten hatte, verdorben. Da Bender weiterhin seine eigenen Materialien für das Mahnmal verwendete, war das kein Problem. Er vermutete, daß jemand mit einer Nadel Wasser in den Sack injiziert haben könnte, aber er ließ den Sack ohne Kommentar zurückgehen und erhielt einen neuen.

Vier Jahre nach Maries Tod lernte Bender eine attraktive Blondine kennen, Louisa Trubar. Sie war achtundzwanzig und stammte aus Slowenien, hatte aber seit ihrer frühesten Kindheit in Maryland gelebt. Sie trafen sich an einem Strand in Virginia, fanden bald, daß sie entschieden gut zueinander paßten, und heirateten. Die Ehe wurde glücklich, und ihr erster Sohn wurde vierzehn Monate nach der Hochzeit geboren.

Nicht lange nach der Hochzeit traf Bender Sheets, den Bauunternehmer, auf der Straße.

»Hey, Pete«, sagte der alte Mann und schlug ihm auf die Schulter. »Hab gehört, du hättest jetzt was Schönes im Haus. Meinen Glückwunsch!«

Bender dankte ihm, und sie plauderten ein bißchen.

»Wie hat dein Ex-Schwager das aufgenommen?« fragte Sheets.

»Hat kein Wort gesagt«, erwiderte Bender. »Geht ihn ja auch kaum etwas an, oder?«

»Nun, eigentlich nicht«, gab Sheets zu. »Er ist korsischer Abstammung, nicht wahr? Sind das nicht die mit der Blutrache?«

»Keine Ahnung. Louisas Landsleute haben im Zweiten Weltkrieg sehr gelitten, und sie geht jetzt trotzdem nicht auf jeden Deutschen los.«

Sheet spuckte in die Gosse. »Ich komme nicht dahinter, ob er es mehr auf dich oder mehr auf Richter Whiteman wegen des Urteils abgesehen hat. Schon vorher war er nicht gut auf den Richter zu sprechen, du wirst davon gehört haben.«

»Nein, keine Ahnung, wovon du sprichst.«

»Soweit ich mich erinnern kann, kam es zu dem Ärger, während du auf deine Verhandlung gewartet hast. Jules Vater hatte ein schönes Stück Land drüben in Overbrook gekauft, noch bevor Jules geboren wurde. Vielleicht fünf Hektar. Er hat zwar nichts damit gemacht, aber abgegeben hat er es auch nicht. Jules hat es geerbt, als sein Vater starb, und er wollte es günstig verkaufen, weil er ja sein eigenes Land hatte. Das wäre ihm zum Beispiel gelungen, wenn irgendeine Industrie hierhergezogen wäre.

Zur selben Zeit begann der Schulausschuß, ein neues Gebäude für die Grundschule zu planen, zunächst ohne von Vernets Land etwas zu wissen. Richter Whiteman wußte, was sie suchten, und das Grundstück war günstig gelegen. Er hat den Ausschuß darauf hingewiesen. Schließlich haben sie das Land genommen.«

»Aber Jules wird doch einen fairen Preis bekommen haben?« fragte Bender.

»Schon, aber du weißt ja, daß der Schulausschuß auch enteignen darf. Das haben sie ausgespielt. Jules bekam nur einen Bruchteil von dem, was er dafür hätte bekommen können. Er konnte nicht feilschen. Am Ende war er ziemlich verbittert.«

Sheets fügte noch eine Bemerkung hinzu. »Es gibt Gerüchte, daß sie eine Prämie gezahlt hätten.«

Bender zog eine Grimasse. »Ich will nicht einmal raten, wer die bekommen hat.«

Elf Jahre und sieben Monate waren vergangen. Die Säule war fertig, nur die Pflasterung drumherum und die Gedenktafel fehlten noch.

Inzwischen war Bender Vater zweier Söhne und einer Tochter. In dieser letzten Arbeitsphase arbeitete er besonders hart. Bei der Pflasterung durfte er arbeiten, womit und so schnell wie er wollte, ohne daß jemand die Steine nachgezählt hätte. Er hatte wirklich Freude an der Arbeit im schnellen Rhythmus, schon weil die Säule offensichtlich die viele Arbeit wert gewesen war.

Ich habe eine Person vernichtet, dachte er. Sicher keine liebenswürdige Person. Aber ich hatte kein Recht, dieses Urteil über sie zu fällen. Vielleicht ist das der richtige Weg gewesen, mir das klar zu machen. Gott, vergib mir. Und dann die weitere Bitte: Marie, vergib mir.

Die Pflasterung war fertig, er fuhr nach Hause. In der nächsten Woche würde die Gedenktafel angebracht werden.

Aber er fuhr schon am nächsten Tag noch einmal vorbei, um zu sehen, ob vielleicht noch ein paar letzte Änderungen nötig sein könnten.

Irgend etwas war nicht in Ordnung, als er sich seinen Weg zwischen den Grabsteinen, Säulen und gelegentlichen Gruften suchte. Das Panorama schien verändert. Bender konnte sich diesen Eindruck nicht erklären.

Dann bog er um die letzte Ecke, die ihn noch von der Aussicht auf den Platz, wo die Säule gestanden hatte, trennte. Wo die Säule gestanden hatte.

Nichts war mehr dort, außer einem rechteckigen Loch, umgeben von einer Fläche, wo nur noch Sand war. Ein Regen von Steinsplittern und Mörtelbrocken schien über dem Gras und einem Teil des Wegs niedergegangen zu sein.

Einer der Friedhofsarbeiter schichtete die Trümmer zu kleinen Haufen am Wegrand auf.

Bender, wie vom Blitz getroffen, stieg aus seinem Wagen und ging zu ihm hinüber.

»Was um Himmels willen ist denn hier passiert?« fragte er.

Der Arbeiter, ein kleiner muskelbepackter Mann in blauen Jeans und einem Khaki-Arbeitshemd, verlangsamte seine Arbeit, ohne ganz aufzuhören.

»Die Stadt. Sind ein paar Typen vorbeigekommen mit 'nem Laster und ein paar Vorschlaghämmern. Die haben alles kurz und klein geschlagen, auf die Ladefläche geworfen, und weg waren sie.«

Bender wußte, daß dieser Mann damit nichts zu tun hatte, aber er mußte sich sehr beherrschen, um ihn nicht anzufallen.

Schließlich beruhigte er sich doch und fragte: »Aber warum?«

»Da müssen Sie schon Keller fragen«, antwortete der Mann. »Sie haben ihm irgendeinen Wisch präsentiert. Mir haben sie ihn nicht gezeigt.«

Bender verlor keine Minute. Sofort machte er sich zum Büro des Aufsehers auf den Weg. Zu seiner Erleichterung war Keller, der gerade Sprechstunde hatte, in seinem Büro.

Der Aufseher war ein Mann mittlerer Größe, mit einem langen Gesicht. Er trug einen gestreiften Overall und eine Eisenbahnermütze, unter der graues Haar hervorkam. Er sortierte gerade die Post, als Bender hereinkam.

»Hallo, Pete«, sagte er. »Ich muß dich wohl nicht groß fragen, was du willst. Setz dich.«

»Nein, danke«, sagte Bender. »Wie konnte das passieren, Sam? Du weißt, wie viele Jahre Arbeit da gerade den Bach hinunter gegangen sind.«

Keller lehnte sich zurück. »Ich weiß. Ich kann dir gar nicht sagen, wie leid es mir tut. Aber sie kamen mit einer ganzen Handvoll Papieren an, da gab es einfach keine Diskussion mehr.«

»Papiere? Was für Papiere?«

»Eine Anweisung von Richter Whiteman. Die Gedenksäule solle abgerissen werden. Sie sei inspiziert und für baufällig befunden worden.«

»Baufällig?« rief Bender aus. »Diese Säule hätte jeder Atombombe standgehalten!«

»Das hätte ich auch gesagt«, stimmte Keller zu. »Aber sie hatten eine Kopie des Inspektionsberichtes dabei, und da stand wörtlich ›baufällig‹. Unterschrieben von Bill Sheets, Jules —«

»Ich weiß, wer das unterschrieben hat«, unterbrach ihn Bender und knirschte mit den Zähnen. »Und die Säule ist weg. Sonst könnte ich ihnen diese verdammte Lüge um die Ohren schlagen.«

Er stand schwer atmend da und fluchte. »Nicht, daß es jetzt noch wichtig wäre, aber was haben sie mit den Steinen gemacht?«

Keller rieb sich das Kinn. »Sie wollten sie als Fundament für die Verbindung zwischen First und Clark Avenue verwenden.«

»Jedenfalls für mich nicht mehr zu gebrauchen«, sagte Bender. »Ich muß ganz von vorne anfangen.«

»Vielleicht verlangen sie das nicht«, bemerkte Keller.

»Aber sicher werden sie das«, grummelte Bender. »Da kannst du drauf wetten. Ich hätte das kommen sehen sollen, vor Jahren schon. Als Kind habe ich eine Legende gehört. Von einem Kerl in der Hölle, der einen Felsen bergauf rollen muß. In dem Moment, in dem er den Gipfel erreicht, rollt der Stein jedesmal wieder herunter. Und genau das haben sie für mich ausgeheckt.«

Er ging und fuhr direkt nach Hause. Ihm war, als steckte in seiner Brust genau der Stein, von dem Marie vor Jahren gesprochen hatte.

Er fand das Haus leer. Das war ihm ganz recht, denn er wollte gern einen Moment allein sein.

Dann rief er erst einmal Sheets an.

»Bill? Pete Bender. Was hat das mit dem schlechten Inspektionsbericht über meine Säule auf sich?«

Auf seine Frage folgte Stille. Schließlich antwortete Sheets. »Pete, ich bin nicht sicher, daß ich dich richtig verstanden habe. Inspektionsbericht? Von welcher Inspektion?«

»Von der, die Richter Whiteman veranlaßt hat, Maries Gedenksäule niederreißen zu lassen. Dem Bericht, den ihr drei Witzbolde unterschrieben habt. Und spiel hier nicht den Unschuldigen. Ich hab mit einem Kerl gesprochen, der eine Kopie eures Wisches gelesen gelesen hat.«

»Pete, ich schwöre dir bei allem, was mir heilig ist, daß ich nicht weiß, wovon du redest. Ich hab nicht einmal so ein Papier gesehen, geschweige denn unterzeichnet.«

»Schwörst du mir das?«

»Ich schwöre.«

Er hängte ein. Seine Hände zitterten und die Gedanken schwirrten ihm durch den Kopf. Die tatsächliche Arbeit, die er auf eine neue Säule verwenden mußte, war gering, wenn man sie nach Zeit oder Material bemaß. Aber das Gewicht, mit dem sie ihm auf der Seele lag, war wie das der Erde selbst.

Seine Erinnerungen schweiften zurück bis zu der Zeit, als er Vernet wegen der ersten schlecht ausgefallenen Inspektion besucht hatte. Er führte sich die Szene noch einmal vor Augen – die Sache mit dem Hammer, die Zierschrift-Karten –

Einem Mann mit guten Augen würde eine Unterschriftenfälschung nicht schwerfallen; auf dem Papier noch weniger als in Eisen.

Seine Wut steigerte sich, bis sie ein Maß erreicht hatte, das ihm seit zwölf Jahren nicht mehr vorgekommen war.

Bender ging in die Werkstatt und suchte seinen Steinhammer. Er konnte ihn nicht finden.

Dann ging er ins Materiallager und in die Hütte, wo die größten Werkzeuge aufgehoben wurden. Auch da fand er den Hammer nicht.

»Bastard, dann nehm ich deinen Hammer«, brummte er. »Das ist sogar noch besser.«

Bevor er sich auf den Weg machte, holte er noch ein paar dicke Gummihandschuhe, wie sie beim Glätten von Mörtel verwendet werden. Er warf sie in seinen Wagen und fuhr zu Vernets Haus.

Niemand antwortete auf sein Klingeln an der Vordertür der ausgedehnten Behausung im Rancher-Stil. Das überraschte ihn nicht. Vernet hatte keine Kinder, und seine Frau verbrachte viel Zeit bei sozialen Projekten.

Er ging auf die Rückseite zu der Aluminiumbaracke, in der Vernet arbeitete. Die Tür war verschlossen, aber zu seiner Überraschung fand Bender kein Sicherheitsschloß. Auf gut Glück zog er aus seiner Tasche ein Mehrfunktions-Werkzeug, das außer Schlüsselkette und Taschenmesser weitere nützliche Instrumente enthielt. Er klappte eine kräftige Nagelfeile auf und setzte damit im Schloß am Riegel an. Innerhalb von Sekunden war die Tür offen.

Vernets Arbeitsraum war eine Ansammlung von Schmiedeprodukten in verschiedenen Stadien der Vollendung. Bender ging zwischen ihnen durch und suchte einen Hammer. Er fand einen kleinen Schmiedehammer und wollte ihn schon nehmen, entschloß sich dann aber, zu warten, bis er Vernet gegenüberstand.

Während sein Blick durch den Raum wanderte, regte sich ein neuer Gedanke in ihm. Schließlich hatte nicht Vernet seine Strafe ausgedacht. Im Gegenteil, sein Ex-Schwager war von Anfang an dagegen gewesen und dabei ein zweites Mal mit dem Richter aneinandergeraten, demnach, was Sheets erzählt hatte. Und Vernet hatte so merkwürdige Andeutungen gemacht, nachdem der wackelige Stein entdeckt worden war.

Bender bemerkte, daß er neben einem Telefontischchchen stand, auf dem auch ein Nummernverzeichnis lag. Er nahm das Verzeichnis, fand eine Nummer und wählte.

Nach einmal Klingeln antwortete eine Frauenstimme: »Richter Whitemans Büro.«

»Ist Richter Whiteman zu sprechen?«

»Tut mir leid«, sagte die Frau. »Richter Whiteman wird die nächsten drei Tage nicht ins Büro kommen.«

»Ist er in der Stadt? Ich muß ihn dringend sprechen.«

»Sie könnten es bei ihm zuhause versuchen. Ich glaube nicht, daß er verreist ist.«

Bender dankte ihr und legte auf. Das war besser, als er gehofft hatte. Whiteman war überzeugter Jungeselle und lebte allein in dem riesigen Haus seiner Familie. Wenn er dort wäre, würde er in entspannter Stimmung sein und nicht mit irgendwelchem Ärger rechnen.

Bender zog die Handschuhe über und legte den Hammer vorsichtig auf eine alte Zeitung, in die er das Werkzeug dann einwickelte. Niemand sollte merken, was er da mit sich herumtrug, am wenigsten der Richter.

Es dauerte nur zwölf Minuten, zum Haus des Richters zu fahren, einem großen, zweistöckigen Bau aus roten Ziegelsteinen, der zehn Zimmer umfaßte und am Abhang lag, so daß man von dort aus die ganze Stadt vor Augen hatte. Es war von einem fünf Hektar großen Grundstück umgeben, gut gepflegt von einer Mannschaft, die einmal in der Woche hierherkam. Eine Putzfrau widmete dem Inneren zweimal wöchentlich ihre Aufmerksamkeit, im übrigen beschäftigte der Richter niemanden. Er aß außer Haus.

Bender ging auf die Stufen zu, die zu der breiten Veranda führten, die sich über die ganze Vorderfront erstreckte. Etwas unbeholfen hatte er sich den Hammer unter den Arm geklemmt. Er ging die Stufen hinauf und über die Veranda, während er überlegte, wie er vorgehen sollte. Vielleicht wäre es gut, dachte er schließlich, sich vorläufig nicht festzulegen. Er klingelte und wartete ab. Es kam keine Antwort. Er hörte das Klingeln in der Eingangshalle widerhallen.

Sein Geist wurde rege. Das Geräusch war ungedämpft. Die Tür ... Er sah die Tür genauer an. Sie stand etwa einen Inch weit offen.

Aber niemand hatte auf sein Klingeln reagiert. Vielleicht war der Richter im Hof.

Bender ging um das Haus herum und sah sich so gründlich um, wie das zwischen den vielen Bäumen und Büschen möglich war. Aber niemand war zu sehen.

Er ging zum Eingang zurück. Die Tür war nicht bewegt worden. Er beschloß hineinzugehen.

Er stieß die Tür auf und betrat die geräumige Eingangshalle, in der ein langer, roter Orientteppich lag.

»Richter Whiteman« rief er.

Es kam keine Antwort, und kein Geräusch, das auf eine Bewegung hätte schließen lassen, war zu hören.

Er durchsuchte mehrere der von der Halle abgehenden Räume, ohne jemanden zu finden. Dann, im letzten Zimmer auf der rechten Seite fand er ihn doch noch.

In seinem Arbeitszimmer, von Büchern umgeben, lag Richter Whiteman auf seinem blutbefleckten Mahagonitisch. Ihm war der Schädel eingeschlagen worden. Der Fußboden war schrecklich rot. Ohne Frage, Richter Whiteman war tot.

Benders erster Gedanke war, sich umzudrehen und davonzulaufen, so schnell er konnte. Dann veranlaßte ihn eine leise Ahnung, sich genauer am Ort des Verbrechens umzusehen. Nur darum fand er ihn.

Hinter dem Tisch, den Kopf in Blut gedrängt, lag sein eigener Hammer.

Ein grimmiges Lächeln formte sich in seinem Gesicht. »Zwei auf einen Streich, was Jules? Ich glaube, da wird nichts draus.«

Er wickelte den mitgebrachten Hammer aus und packte seinen eigenen sorgsam ein. Dann verschmierte er Vernets Hammer mit Blut und ließ ihn hinter den Tisch fallen.

Er überlegte noch, wie er die Aufmerksamkeit auf Vernet lenken könnte, als er in seinen Wagen stieg. Aber plötzlich hatte er für einen Moment alles Interesse daran verloren.

»Mein Gott!« dachte er, und die Hand mit der er gerade den Zündschlüssel einstecken wollte, blieb in der Luft hängen. »Diesmal hätte ich wirklich nicht im Affekt gehandelt.«

Er senkte seinen Kopf und schwor sich, Maries Gedenksäule wiederaufzubauen, ganz gleich, wieviel Zeit er dafür brauchen würde.

Originaltitel: THE STONE MAN, 7/86
Übersetzt von Achim Seiffarth

Joseph Hansen

Hauptgewinn: Ein Grab

»Hast du schon mal irgend etwas gewonnen, Hack?« Der stämmige, rotwangige George Stubbs, mit seinen weißen Bartstoppeln, fragte hinter einer Zeitung hervor. Sie saßen in der Küche, die einen Fußboden aus Kieferndielen hatte. »Irgendein Kerl hat fünfzigtausend Dollar von dem Supermarkt in Morro Bay gewonnen. Das ist die Höhe!«

»Das übertrifft alles.« Die Fenster waren offen und ließen die kühle Luft herein, die nach Salbei und Eukalyptus roch. Hinter den Fenstern und der langen, überdachten Veranda vor dem Haus sah man den blauen Himmel über den gelb-braunen, mit Gestrüpp und Felsen übersäten Böschungen des Canyons. »Ich habe noch nie etwas gewonnen.«

Sie waren mit dem Frühstück fertig. Bohannon trank einen starken Kaffee, rauchte eine Zigarette und sah die Post durch. Bei Rechnungen runzelte er die Stirn, bei Schecks war er erfreut. Er war ein magerer, vierzigjähriger Mann. Der Reitstall gehörte ihm. Er liebte Pferde. Es war ein schönes Leben, aber leider konnten die Leute nicht vergessen, daß er früher der Stellvertreter des Sheriffs gewesen war. Wenn sie Schwierigkeiten hatten, kamen sie immer noch zu ihm. Er hatte nie herausgefunden, wie er sie abweisen konnte, darum besaß er eine Detektivlizenz – aber er mochte diese Aufgaben nie besonders. Jetzt stand er auf, sammelte die Teller ein und brachte sie über die breiten Dielen zum Spülbecken. Durch das Fenster sah er, wie die Pferde auf den Wiesen hinter den weißen und grünen Stallgebäuden grasten. Die Fohlen bewegten sich auf ihren langen, dünnen Beinen ruckartig vorwärts, warfen ihre Köpfe hin und her und jagten ihre Mütter. »Wer war denn der Glückliche? Jemand, den wir kennen?«

»Er heißt Powell, Timothy.« Stubbs behauptete, daß sein Sehvermögen nachließ. Nach einem langen Leben als Rodeoreiter, in dem er sich so manchen Knochen gebrochen hatte, konnte er jetzt nur noch humpeln. Wenn das Wetter regnerisch war, bekam er auch Rheuma. Aber er trug keine Brille, und er fand Powells Adresse ohne Schwierigkeiten in der Zeitung. »Er wohnt im gleichen Postzustellbezirk wie wir. Ich glaube, daß ich ihn kenne. Ja, hier ist ein Bild von ihm. Er hat schon unsere Pferde geritten. Ja, sicher. Seine

Mutter bringt ihn immer her und holt ihn wieder ab. Er scheint ihr Augapfel zu sein, so wie sie auf ihn aufpaßt.«

»Wie hat dieser Wettbewerb funktioniert?« Bohannon steckte einen Gummistöpsel in den Abfluß, drehte das heiße Wasser an und spritzte ein Spülmittel in den Wasserstrahl. Es bildete sich Schaum, und der Dampf setzte sich an den Fenstern ab. »Steht darüber etwas in der Zeitung?«

»Im Mai mußte man dort jeden Tag einkaufen und die Preisetiketten sammeln«, sagte Stubbs. »Sie hatten eine Ziehung, und der Kunde, der der gezogenen Nummer am nächsten kam, gewann den Hauptgewinn. Es gab auch noch ein paar kleinere Preise – ein Auto, eine Kreuzfahrt in die Karibik, ein Videorecorder und noch viele andere Sachen.«

Bohannon scheuerte die Teller mit einer Bürste, deren Griff und Borsten aus Plastik waren, und stellte sie in einen gummiüberzogenen Geschirrkorb neben dem Spülbecken. »Hast du unsere Preisetiketten aufbewahrt?«

»Verdammt noch mal, ich wußte überhaupt nichts davon«, sagte Stubbs. »Du kaufst doch immer ein. Du hättest es mir sagen müssen. In dem Supermarkt gab es bestimmt Schilder, die darauf hingewiesen haben. Hast du sie nicht gelesen?«

»Das einzige, was sie mir sagten«, erklärte Bohannon, »war: ›Kauf irgendwo anders ein, Hack. Wenn diese Leute soviel Geld verplempern können, müssen sie ganz gut an dir verdienen.‹«

»Vielleicht hat Powell das auch gedacht«, sagte Stubbs. »Und jetzt schau ihn dir an. Morgen bekommt er das Geld. Im Supermarkt wird eine feierliche Übergabe veranstaltet, mit einer Band und Luftballons. Er wird auch im Fernsehen zu sehen sein.«

»Sei nicht neidisch«, sagte Bohannon. »Du warst auch schon mal im Fernsehen. Du hattest deine Chance.«

»Das war nur zur Erinnerung«, sagte Stubbs. »Verdammt noch mal, ich hätte lieber fünfzigtausend Dollar.«

Die Tür öffnete sich, und Rivere kam herein. Er war ein schmächtiger, junger Mann, der sehr ruhig und schüchtern war. Rivera studierte, um Priester zu werden und verdiente seinen Lebensunterhalt, indem er halbtags für Bohannon arbeitete. Er hatte gerade die Betten gemacht, Staub geputzt und das Badezimmer sauber gemacht. »Hack«, sagte er, »kannst du heute morgen mit mir auf den Bergkamm kommen? Es wird nicht lange dauern. Und ich habe es Monsignore McNulty versprochen.«

»Hast du schon einmal etwas gewonnen, Rivera?« fragte ihn Stubbs.

»Ich spiele niemals, George«, sagte Rivera. »Mein Vater war ein Spieler. Es hat ihm nie etwas genützt. Es nützte keinem von uns etwas – wir blieben dadurch nur arm.«

»Ein junger Bursche von hier, Powell, der irgendwo dahinten in der Straße wohnen muß, hat in dem Supermarkt in Morro Bay fünfzigtausend Dollar gewonnen. Was hältst du davon?«

»Ich hoffe, daß er etwas davon der Kirche gibt«, sagte Rivera. Er ging zu Bohannon, füllte einen Topf mit heißem Wasser und goß es über die seifigen Teller in dem Geschirrhalter. »Hack, wirst du mitkommen?«

»Was ist los?« Bohannon trocknete sich die Hände ab. »Hat jemand den Messwein getrunken?« Von einem Regal nahm er eine Blechdose, stellte sie auf den Tisch, öffnete sie und legte die Rechnungen und Schecks hinein. »Der richtige Weg wäre gewesen, wenn du mich zuerst gefragt hättest – und es dann dem Monsignore versprochen hättest.«

Rivera beobachtete, wie er die Dose zurückstellte. »Ich dachte immer, daß du nur sonntags antiklerikal wärst.«

Bohannon lachte und zog von der Rückenlehne des Stuhls, auf dem er am Tisch gesessen hatte, eine abgetragene Jeansjacke. »Ich werde mitkommen – es ist okay.« Er zog die Jacke an, sammelte die Zigaretten und Streichhölzer vom Tisch auf, nahm seinen Hut von einem Messighaken an der Tür und öffnete Sie. »Komm mit. Laß uns nachsehen, was das alles soll.«

Monsignore McNulty sagte: »Wir hätten es nie bemerkt, wenn die Misteln nicht gewesen wären.« Er war ein dünner, großer, alter Mann in einer Soutane. Die Knochen in seinem Gesicht traten scharf hervor, die Haut darüber war straff gespannt und wurde von roten Äderchen durchzogen. Der Wind zerzauste sein dickes, weißes Haar. »Einmal im Jahr müssen wir sie aus den Eichen holen. Anschließend besprühen wir die Eichen, sonst sterben sie ab.«

Er deutete auf eine Metalleiter, die an einem der großen Bäume lehnte, die den Friedhof versteckten. Oben auf der Leiter stand ein fetter, kahl werdender und eine Brille tragender Jugendlicher in Jeans und T-Shirt. Er versuchte, schwitzend und mit rotem Gesicht, die steifen, blaßgrünen Schmarotzer zwischen den glänzenden Eichenblättern herauszureißen. Er ließ die Misteln in einen gelben Plastikeimer fallen, der an der Leiter hing. Manchmal. Viel öfter fielen die

Misteln auf den Boden. Der Monsignore blickte Bohannon aus leuchtendblauen Augen an, die in tiefen Höhlen unter weißen Augenbrauen lagen.

»Was halten Sie davon?« fragte er.

Bohannon zuckte mit den Schultern.« Das gleiche wie Sie. Das gleiche wie Rivera.« Die drei standen neben einem neu ausgehobenen Grab, das 1,80 Meter lang und tief war und gerade Seiten hatte. Die Erde aus dem Grab war mit einer blauen Plastikplane vorsichtig abgedeckt worden, die Ecken der Plane waren mit Klumpen aus trockenen, alten Lehmziegeln beschwert worden, die von den zerfallenden Mauern des verlassenen Friedhofs stammten. »Es sieht sehr professionell aus.« Bohannon ließ seinen Blick über den vernachlässigten Friedhof wandern, der von Gestrüpp überwuchert wurde und dessen Grabsteine umgefallen waren. Die mächtigen Eichen ließen auch jetzt zur Mittagszeit nur wenig Licht auf den Friedhof fallen. »Aber ich weiß auch nicht, warum. Ich weiß nicht mehr als Sie.«

»Die Erde ist hier weich. Man kann hier leicht graben«, sagte Rivera.

»Und es ist ein Ort, an den fast nie jemand kommt.« Man hörte den irischen Akzent in der Sprache des Monsignores. »Dies sind alte Gräber, wissen Sie, und außerdem die Gräber von Männern ohne Nachkommen. Aus dem 18. Jahrhundert. Es war keine erfolgreiche Mission, es dauerte nur knapp fünfundzwanzig Jahre, und dann verfiel alles. Es war ein Jahrhundert zu spät für Renovierungen, als der Bischof diesen Ort für das Seminar auswählte.«

»Die Mauern des Friedhofs waren schon eingefallen«, sagte Rivera. »Der Regen hatte die verrotteten Holzsärge aus der Erde gewaschen. Die Gebeine der Brüder lagen so verstreut wie Hühnerknochen herum – als ob diese guten Männer Gott niemals mit ihren Händen und Herzen gedient hätten, als ob sie niemals gebetet hätten. Es war ein Verbrechen.«

»Und jetzt sieht es so aus, als sollte hier ein anderes Verbrechen geschehen.« Bohannon schob den verwitterten Stetson auf seinem struppigen, dunklen Haar zurück. »Es ist neu«, sagte er zu dem Monsignore. »Haben Sie Ihre Leute befragt? Hat niemand etwas gesehen?« Bohannon nickte in Richtung auf die öden, gelbbraunen Gebäude unter ihnen, die von einer hohen Hecke aus Eukalyptusbäumen verdeckt wurden. »Keine Taschenlampen, die Sie hier oben im Dunkeln gesehen haben?«

»Nein, nichts«, sagte McNulty.

»Kein böses Blut unter Ihren jungen Männern?«

»Hack!« Riveras braune Augen waren so sanft wie die Augen eines Rehs. Jetzt sah man den Kummer darin. »Das sind meine Freunde. Sie wollen Priester werden. Sie haben ihr Leben Gott geweiht.«

»Kain sprach jeden Tag mit Gott«, sagte Bohannon. »Von Angesicht zu Angesicht. Es stellte sich trotzdem heraus, daß er ein Mörder war.«

Die Eiche erzitterte, die Leiter klapperte, ein Haufen Misteln fiel herunter. Bohannon trat einen Schritt vor, hielt die Leiter fest und blickte gegen den strahlendblauen Himmel hinauf in den Schatten der Baumkrone. »Ist alles in Ordnung?« fragte er den fetten Jungen.

»O ja, es ist alles in Ordnung«, stammelte der Junge und fuhr fort, die Schmarotzer mit fast hektischem Eifer einzusammeln. Die steifen, kleinen Pflanzen fielen auf Bohannons Hut. Er trat von der Leiter und dem Baum zurück. Der Monsignore erzählte ihm:

»Wir haben kleine Fälle von Mißgunst, verletzten Gefühlen und Rivalitäten.« Sein Blick kehrte zu dem leeren Grab zurück. »Die normalen, menschlichen Schwächen.« Er rang sich für Bohannon ein Lächeln ab. »Wir haben hier keine Heiligen. Aber ich bezweifle, daß ein Mörder dabei ist.«

»Vergeben Sie ihm«, sagte Rivera. »Er lebt in einer anderen Welt.«

»In einer Welt, in der es Mörder gibt.« Bohannon bückte sich und zog ein Preisschild von der blauen Plastikplane. »Es wäre besser, wenn Sie von jetzt an, hier eine Wache aufstellen.«

Die weißen Augenbrauen des Monsignore hoben sich. »Tag und Nacht?«

»Wer immer dies gegraben hat, wird zurückkommen«, sagte Bohannon. »Bis jetzt hat es seinen Zweck noch nicht erfüllt.«

»Es ist eine Entweihung von geheiligtem Boden.« Der alte Mann drehte sich um und begann, den Hügel hinabzugehen. Der Boden war klumpig, felsig und locker. Der Monsignore schwankte auf seinen langen, dünnen Beinen. Rivera eilte zu ihm hin, um seinen Arm zu nehmen und ihn zu stützen. Die Stimme des Monsignore wehte durch die heiße Mittagsluft. »Ich werde es noch in dieser Stunde auffüllen lassen, und das wird das Ende davon sein.«

Bohannon stapfte hinter dem alten und dem jungen Mann her. »Wenn Sie das tun, wird derjenige, der es gegraben hat, wissen, daß es entdeckt wurde. Dann wird er irgendwo anders ein Grab ausheben, das wir vielleicht niemals finden werden.«

»Und wenn ich es nicht mache –«, der Monsignore blieb oben auf den Betonstufen stehen, die zu einer dicken, wiederaufgebauten Mauer gehörten, die am Fuß des Friedhofs gebaut worden war, damit die Erde nicht noch mehr herabrutschte, und sich nicht noch mehr Gräber öffneten und ihre Skelette freigaben »– wird er mit dem Töten fortfahren.« Er griff mit knochigen Fingern nach Riveras Arm und ging die Stufen hinunter, unter seinen Füßen raschelten trockene Blätter. »Und mit diesen unheiligen Begräbnisriten.«

»Machen Sie ein Geduldsspiel daraus.« Bohannon folgte ihnen die Stufen hinunter. »Lassen Sie Tag und Nacht jemanden weiter an den Eichen arbeiten. Er wird dann solange nicht töten, bis die Arbeit beendet und der Platz wieder verlassen ist. Dadurch hätte ich Zeit, herauszufinden, wer es ist.«

Der Monsignore schüttelte den Kopf. »Das würde bedeuten, daß ich das Leben von Menschen riskiere, die in meiner Obhut sind. Ich kann das nicht tun.«

»Das ist eine Aufgabe für den Sheriff«, sagte Rivera.

Der Monsignore erklärte: »Bei der Polizei haben sie mich schon abgewiesen. Sie kamen hierher und sahen sich das Grab an. Sie glauben, daß es ein Schuljungenstreich ist.«

»Vielleicht ist jemand eines natürlichen Todes gestorben«, sagte Rivera. »Jemand aus einer Familie, die sich kein Grab und keine Beerdigung leisten kann. Und trotzdem wollten sie, daß der Tote auf einen richtigen Friedhof kam, nicht irgendwo auf ein leeres Feld und auch nicht ins Meer.«

»Es wäre das Gleiche«, sagte der Monsignore, »ohne den kirchlichen Segen. Außerdem würden sie damit gegen ein paar menschliche Gesetze verstoßen.«

»Verdammt noch mal«, sagte Bohannon. »Sie wissen genau, daß rechtschaffene Leute das nicht machen würden, Rivera. Besonders arme Leute nicht, die finden einen Weg. Die erwarten vom Leben nicht, daß es einfach ist.«

»Aber Kriminelle tun so etwas.« Rivera half dem alten Mann auf den Pfad am Fuße der Stufen. »Ich habe oft gehört, daß du das erzählt hast. Warum ist der Mord nicht schon längst geschehen, wenn es wahr ist?«

»Weil das Grab immer noch leer ist«, sagte Bohannon.

»Ich würde Ihnen gerne helfen«, bemerkte der Monsignore, »aber –«

»Ich verstehe«, sagte Bohannon. »Ich werde es selbst tun.«

Madrone lag auf Hügeln, an deren Hängen Pferde grasten. Es war ein verschlafener, kleiner Ort mit schmalen Häusern, die von einer Veranda umgeben wurden und die schon einige Jahrzehnte lang dem Verfall preisgegeben worden waren. Jetzt waren alle repariert und in bunten Farben angestrichen worden. Sie gehörten nun Neuankömmlingen, die die Häuser in Antiquitätengeschäfte, Fischrestaurants, Kunstgalerien oder Immobilienbüros verwandelt hatten. In einigen der Häuser wohnten sogar Menschen – aber nur in denen, die weit entfernt vom Zentrum lagen. Hunde schliefen auf der Hauptstraße. Die Gebäude, die einmal aus trostlosen Ziegeln bestanden, waren mit Zedernholz verkleidet worden, um ihnen ein Wildwest-Aussehen zu geben.

Bohannon parkte seinen staubigen Lieferwagen vor dem Maler- und Eisenwarengeschäft, an dem ein überdachter Holzbürgersteig entlangführte. Als er aus dem Lieferwagen sprang und die Tür hinter sich zuschlug, hätte er fast nach Gary Cooper Ausschau gehalten, wie er mit sechsschüssigen Colts in jeder Hand in der Mitte der Straße stand, aber er tat es nicht. Er stieg die ausgetretenen Holzstufen hoch, überquerte die Bohlen und ging in den Laden, wo es wieder nach den achtziger Jahren aussah, den 1980ern. Es gab dort viele Plastikbehälter, sehr helles Neonlicht, Vinylfußboden und einen mit Kunststoff überzogenen Tresen. Bohannon ging an den Regalen auf und ab, bis er fand, was er suchte. Dann stöberte er einen Verkäufer in einer grünen Jacke auf, einen dünnen, sonnenverbrannten Mann um die fünfzig, der hinter einem Tresen träumerisch eine Angelrute testete.

»Verkaufen Sie viele von diesen Dingern?« fragte Bohannon.

Der Mann stellte die zitternde Angelrute zurück in einen Ständer, in dem viele ähnliche und auch anders aussehende standen. »Wieviele wollen Sie?«

»Ich will überhaupt keine«, sagte Bohannon. »Ich frage mich nur, wer in den letzten zwei Tagen eine bei Ihnen gekauft hat?« Er legte die zusammengefaltete, blaue Plastikplane auf den Tresen, zog seine Brieftasche hervor und zeigte seine Detektivlizenz. Der Mann schielte durch dicke Brillengläser darauf, dann schaute er in Bohannons Gesicht.

»Jeder verkauft diese Planen«, sagte der Mann.

Bohannon zeigte ihm das Preisschild von der Plane auf dem Friedhof. »Die, über die ich Bescheid wissen will, wurde hier gekauft.«

»Sie sind für viele Dinge nützlich«, sagte der Mann. Er zeigte mit einem Finger auf das Paket. »Sehen Sie hier? Sie haben diese Kupferringe. Man kann diese Planen über ein Auto spannen, um den Regen oder die Gischt fernzuhalten. Viele Leute machen das. Oder sie verpacken darin Gerümpel, das im Garten herumsteht – die Planen sind billig und haltbar. Man kann damit Sachen abdecken, die man draußen lagern will, sie unter Schlafsäcke legen oder ein Boot damit abdecken. Eigentlich verkaufen wir sie als Abdeckplanen bei Malerarbeiten, aber es gibt viele Möglichkeiten, sie zu nutzen.«

»Das sehe ich ein«, sagte Bohannon. »Haben Sie kürzlich eine verkauft?«

Der Mann lachte kurz. »Oh, sicher ein halbes Dutzend.«

»Ah.« Bohannon steckte seine Brieftasche wieder ein. »Alle an eine Person?«

»Nein, nein. An verschiedene Leute. Ich kann mich nicht mehr erinnern. Es ist nicht so, als würden Sie mich fragen, wer eine bestimmte Farbe gekauft hätte. Daran würde ich mich erinnern. An den würde ich mich erinnern. Aber diese Sachen.« Er warf seine knöchernen Hände in die Luft. »Sie sind alle gleich.« Er schielte wieder zu Bohannon. »Sie sind der Bursche, dem der Reitstall oben am Rodd Canyon gehört, nicht wahr? Sie waren mal Sheriff?«

»Ja«, sagte Bohannon, »Aber ich kenne Sie nicht.«

»Ich bin Dudleys Bruder Lloyd«, sagte der Mann. »Aus Lompoc. Dudley ist im Krankenhaus. Er mußte eine kleine Operation machen lassen. Am Bruch. Das ist ein Leiden, das bei älteren Eisenwarenhändlern öfter vorkommt. Man denkt, daß man die Sachen noch heben kann, aber man ist nicht mehr so kräftig wie früher. Dudley ist älter als ich. Zehn Jahre älter. Ich vertrete ihn nur ein paar Tage.«

»Grüßen Sie ihn von mir«, sagte Bohannon.

»Das werde ich machen. Hat dies etwas mit Pferden oder mit Verbrechen zu tun?« wunderte sich Lloyd.

»Mit einem Verbrechen«, sagte Bohannon. »Vielleicht. Vielleicht hat derjenige, der diese Abdeckplane gekauft hat, auch eine Hacke, einen Spaten oder eine langstielige Schaufel gekauft. Hilft das Ihrem Gedächtnis?«

Lloyd runzelte die Stirn, nagte an seinen Lippen und schüttelte den Kopf. »Ich kann mich nur an Professor Thornbury vom College erinnern: Abdeckplane, ein paar Liter Wandfarbe und ein Schaffellroller. Das ist alles.«

»Kennen Sie seine Adresse?« fragte Bohannon.

»Da müssen Sie im College nachfragen«, sagte Lloyd und drehte sich zu dem Ständer mit Angelruten um. Als Bohannon schon fast draußen war, rief der Mann hinter ihm her: »Aber es ist kein er – es ist eine sie. Roberta Thornbury.«

Das College befand sich in einem Tal zwischen den Hügeln. Noch vor ein paar Jahren hatte Vieh auf den Hügeln und in dem flachen Tal gegrast. Aber Bohannon ärgerte sich nicht über das College. Er selbst hatte nur die High School besucht, aber er war ein Mann, der gerne las. Bildung und Leute, die sie hatten oder versuchten, sie zu erwerben, respektierte er. Und das College paßte hier hin. Es sah nicht wie eine Filmkulisse aus, wie die Hauptstraße von Madrone. Der Architekt hatte den örtlichen Lehmziegelstil angedeutet, ohne zu übertreiben. Darum sahen die Gebäude sowohl alt, als auch neu aus. Es war eine Kombination die keine Aufmerksamkeit auf sich zog. Auch die Farbe paßte, es war das gleiche Braun, das die Berge im Sommer hatten.

Er fand auf dem Parkplatz der Fakultät eine Parklücke, auf deren Begrenzungsstein in großen, schwarzen Buchstaben THORNBURY stand. Dort parkte er seinen Lieferwagen. Dann ging er in ein Büro, von dem aus man durch ein bogenförmiges Fenster auf die Hügel schauen konnte. Dort saß eine Frau mit dem Rücken zum hellen Nachmittagslicht. Sie sah jung aus, aber als er genauer hinschaute, stellte er fest, daß sie schon über fünfzig sein mußte. Ihr mädchenhaftes Gesicht wurde von vielen feinen Falten durchzogen. Sie erzählte ihm, daß Roberta Thornbury aus dringenden, familiären Gründen Urlaub hatte – als ob die Professorin ein Soldat in einem Krieg wäre. Die Korridore, die ihn zu diesem Büro geführt hatten, wimmelten von Jugendlichen, die so laut und lebhaft waren, daß man sie für feindliche Truppen halten konnte, wenn man ein kampfbereiter Lehrer war, der ein Klassenzimmer voll davon unterrichten sollte. Es schienen so viele zu sein, daß er sich nicht vorstellen konnte, wo sie alle untergebracht wurden.

»Ist jemand aus ihrer Familie krank?« fragte Bohannon.

»Ihr Vater«, antwortete die Frau. »Er liegt im Sterben. Ich beneide sie nicht. Er war schon kein einfacher Mann als er noch gesund war.« Sie fand einen Kugelschreiber, schrieb die Adresse der Thornburys auf einen Notizblock, riß den Zettel ab und gab ihn Bohannon. »Wie viele Gelehrte, interessierte ihn die Welt um ihn herum nicht. Die Lebenden sind ihm gleichgültig, er beschäftigt sich nur mit der Vergangenheit und kümmert sich nur – um die Toten.«

»Was war sein Gebiet?« Bohannon faltete den Zettel zusammen.
»Die lokale Geschichte, die Indianer, die Missionen der Franziskaner«, sagte sie. »Pater Junipero Serra. Er möchte es noch erleben, daß Serra seliggesprochen wird. Ich hoffe für seine Tochter, daß das bald geschieht.« Sie seufzte, dann lächelte sie. »Zum Glück ist sie groß, kräftig und steht mit beiden Beinen fest im Leben. Sie ist an ihn gewöhnt. Ich nehme an, daß sie miteinander zurechtkommen.«

Bohannon setzte seinen Hut auf, winkte ihr mit dem zusammengefalteten Zettel zu, lächelte sie an, dankte ihr und ging durch die Bürotür auf den jetzt leeren Korridor, der vor einigen Minuten noch überfüllt und voller Lärm war.

Der mexikanische Friedhof lag außerhalb von Madrone auf einer Hochebene mit Blick auf das Meer. Der Seewind blies ständig darüber hinweg, und die Schreie der Möwen waren zu hören. Der mexikanische Friedhof sah immer festlich aus. Er wurde von einem niedrigen Lattenzaun umgeben, der regelmäßig weiß angestrichen wurde. Auch viele der einzelnen Grabstätten wurden von Zäunen umgeben. Die Grabsteine hatten oft eine Nische, in der Fotografien des dort Begrabenen standen. Aber das festliche Aussehen wurde hauptsächlich von den Blumen bewirkt. Nicht alle Gräber, aber viele, wurden durch große Blumensträuße geschmückt. Die Blumen waren immer frisch und leuchtend, weil sie nicht echt, sondern aus Plastik waren. Bohannon fuhr einen schmalen Weg entlang, der den Friedhof unterteilte. Er versuchte, sich daran zu erinnern, wie der mexikanische Friedhof vorher ausgesehen hatte. Er konnte sich nicht mehr daran erinnern, wann es zum erstenmal solche Blumen zu kaufen gab.

Er bemerkte drei Männer, die neben einem Erdhaufen hockten. Eine Schubkarre stand daneben, Schaufeln und eine Hacke lagen dort. Nichts davon war neu. Aber eine blaue Plastikplane lag zusammengefaltet in der Schubkarre. Einer der Männer war knochig, grauhaarig und stoppelbärtig. Bohannon kannte ihn vom Sehen. Er hob alle Gräber in dieser Gegend aus. Die beiden anderen waren fast noch Kinder. Sie hatten ihre Hemden ausgezogen. Beide waren braungebrannt, einer war plump, der andere muskulös. Bohannon ließ den Wagen auf dem Kiesweg stehen und ging über den kräftigen, federnden, gut geschnittenen Rasen auf sie zu. Sie beobachteten ihn. Alle drei rauchten, alle drei hatten Bierdosen in zerknitterten, braunen Papiertüten dabei. Bohannon hörte, wie die Wellen unten gegen die Felsen schlugen. Weit weg bellten Seelöwen.

»*Buenos dias*«, sagte er. »Ich heiße Hack Bohannon.«

Der alte Mann blinzelte ihn gegen das helle Licht an. »Ich weiß, wer Sie sind«, sagte er auf spanisch. Er warf seine Zigarette weg. Dann stand er so langsam auf, als bereiten ihn all die Jahre des Grabens jetzt ständig Schmerzen. »Wie können wir Ihnen helfen, Sheriff?«

»Ich bin kein Sheriff mehr«, sagte Bohannon. »Aber oben im Santa Lucia-Seminar ist etwas Mysteriöses geschehen, und ich soll es für den Monsignore aufklären. Vielleicht können Sie mir dabei helfen.«

»Hat unser eigener Sheriff dafür keine Zeit?« fragte der alte Mann. Die Jugendlichen standen auf, drückten ihre Zigaretten mit den Arbeitsschuhen aus und nahmen das Werkzeug. Der Plumpe lockerte die Erde in dem halb ausgehobenen Grab mit der Hacke. Er schwang sie kräftig und geschickt. Dann kletterte er aus dem Grab heraus, und der muskulöse Bursche sprang herein und schaufelte die gelockerte Erde heraus. Er reichte die Schaufel nach oben, nahm den Spaten und klopfte damit gegen die Seiten des Grabes, um sie zu festigen. Der alte Mann beobachtete sie eine Minute lang, dann drehte er sich zu Bohannon um. »Es scheint so, daß der Sheriff es nicht für wichtig hält.«

»Vielleicht hält er es später für wichtig«, sagte Bohannon.

»Was wollen Sie von mir wissen, Senor?«

»Hat vor kurzem jemand Sie oder Ihre Helfer angeheuert, um ein Grab auszuheben? Woanders als hier, meine ich.«

Der alte Mann runzelte die Stirn. »Oben beim Seminar?«

»Auf dem verlassenen Friedhof, auf dem früher die Mönche begraben wurden«, sagte Bohannon zustimmend. »Das ist richtig.«

»Ich wußte gar nicht, daß es dort so einen Platz gibt«, sagte der alte Mann.

Bohannon nickte in Richtung auf die schwitzenden Jungen. »Würden Sie die bitte fragen. Vielleicht haben sie einen Auftrag bekommen.«

Der alte Mann schüttelte den Kopf. »Jose' ist mein Sohn. Raymondo ist der Sohn meiner Schwester. Sie wohnen in meinem Haus. Sie hätten es mir erzählt. Warum auch nicht? Es ist eine ungewöhnliche und interessante Sache.«

»Manchmal brauchen junge Männer ein Gefühl der Unabhängigkeit«, sagte Bohannon. »In einem bestimmten Alter wollen sie nicht mehr alles, was sie wissen, mit der Familie teilen.« Er ging an das

Grab. »Hat euch vor kurzem jemand dafür bezahlt, ein Grab hinter dem Seminar auszuheben?«

Sie starrten ihn an. »Seminar, Senor?«

Bohannon deutete landeinwärts auf die Berge, wo die Fenster des Seminars das Sonnenlicht reflektierten und kleine Dächer rot durch die Baumkronen glühten. »Diese Gebäude, in denen junge Männer studieren, um Priester zu werden. Vor vielen Jahren war dort eine Missionsstation, und der Friedhof, auf dem die Mönche begraben wurden, ist immer noch dort. Hat euch niemand angeheuert, um dort oben ein Grab auszuheben? In der Nacht?«

Sie schauten sich gegenseitig an, dann blickten sie vorsichtig den alten Mann an, anschließend wandten sie ihre schwarzen Augen Bohannon zu und sagten gleichzeitig: »Nein, Senor.« Dann fingen sie wieder an zu graben.

Der alte Mann fragte: »Hat jemand so ein Grab gegraben?«

»Er hat es leer gelassen«, sagte Bohannon. »Der Monsignore kann das nicht verstehen. Können Sie das?«

»Es ist eine harte Arbeit, ein Grab auszuheben«, sagte der alte Mann. »Und man muß es können. Wer würde all diese Zeit und Anstrengung vergeuden? Wer würde ein Grab ausheben und es dann leer lassen?«

»Niemand«, sagte Bohannon. »Darum mache ich mir ja auch Sorgen.« Er zog eine Visitenkarte aus seiner Brieftasche, die von einem aufgedruckten Pferdekopf verziert wurde, und drückte sie in die mit Erde verkrusteten Finger des alten Mannes. »Rufen Sie mich bitte an, wenn Sie etwas hören. *Gracias*.«

An der Küstenstraße, die an Madrone vorbeiführte, verdeckten Hügel mit Kiefernbeständen den Blick auf das Meer. Obwohl die Kiefern dicht nebeneinander wuchsen, war schon vor langer Zeit zwischen ihnen gebaut worden. Zuerst hatten sich dort Städter aus Los Angeles und San Francisco Wochenendhäuser gebaut. Dann hatten Rentner ganzjährig bewohnte Häuser entlang der gewundenen Straße gebaut. Die Häuser lagen halb versteckt in den ruhigen Wäldern. Die Kiefern waren groß und hatten lange Nadeln, es war eine besondere Sorte, die es sonst nirgends auf der Erde gab. Ihre Wurzeln gingen nicht tief in den Boden, sie wuchsen schnell und fielen bei Stürmen häufiger um. Stromunterbrechungen kamen in Settlers Cove deshalb öfter vor. Aber es hatte niemanden besonders gestört. Die kühle, schattige Einsamkeit und die Nähe zur Küste entschädigte einen dafür. Aber diese Tage waren vorbei. Die Bäume wurden jetzt mit Äxten und Kettensägen gefällt. Abwasserkanäle wurden gebaut. Das Geräusch der Sägen und Hämmer schallte den ganzen Tag durch die Wälder. Jeden Tag wurden unbebaute Grundstücke zu sehr hohen Preisen verkauft. Alte Menschen überlegten, ob sie hier bleiben und hier sterben sollten, oder ob sie alles verkaufen und noch einmal woanders die Wildheit suchen sollten, die sie jetzt hier verloren, wo sie eigentlich für immer bleiben wollten.

Bohannon fand die Flurry Road, den Briefkasten, auf dem THORNBURY stand, und ein braunes Haus mit einem Schindeldach. Er fuhr mit seinem Lieferwagen eine Rampe mit einer unregelmäßigen, grauen Teerdecke herunter und hielt vor einer Doppelgarage unter dem Haus. Die Türen der Garage waren offen. Ein alter, aber glänzender Volvo stand auf einer Seite zwischen Werkzeug, aufgestapelten Kartons, Fahrrädern und Sprungfedern. Auf der anderen Seite parkte ein sportlicher, neuer Jeep Cherokee mit einer imitierten Holzvertäfelung. Diesen Wagen kannte er – er gehörte Dr. Belle Hesseltine. Er sprang aus seinem Lieferwagen und knallte die Tür in der Stille so laut zu, daß man das Geräusch noch weit hören konnte. Dann ging er in die Garage. An einer Seite stand eine lange Werkbank. Sie war völlig verstaubt, als wäre sie lange nicht mehr benutzt worden. Werkzeuge hingen aufgerecht an der Wand über der Werkbank. Sie fingen an, zu rosten. Darunter waren kleine Hacken und leichte Hämmer – wahrscheinlich alles archäologische Werkzeuge. In einer von Spinnweben überzogenen Ecke lehnten Harken, Schaufeln, Besen, eine Axt, eine Hacke und ein Spaten. Die Spinnweben waren zerrissen. Er kniete sich hin. Die Erde am Spaten, an der Hacke und an der Schaufel war nicht feucht, aber sie war auch nicht so trocken, daß sie abblätterte.

»Hack? Was machst du hier?«

Er blickte hoch, dann stand er auf. Eine sehnige, alte Frau in knappen Jeans, einem Baumwollhemd, einer Windjacke und Tennisschuhen stand in der Garagentür und runzelte die Stirn. »Ich würde eine halbe Stunde brauchen, um es dir zu erklären«, sagte er und putzte den Schmutz von seinen Händen ab. »Hast du eine halbe Stunde Zeit, um mir zuzuhören, Belle?«

Sie schnaubte, ging zu dem Cherokee und warf ihre Tasche hinein. »Du weißt ganz genau, daß ich keine Zeit habe. Ich kam hier nach Settlers Cove, um mich zur Ruhe zu setzen. Es wurden die zehn geschäftigsten Jahre meines Lebens. Und es wird immer schlimmer.« Sie kletterte in den neuen Wagen, schlug die Tür zu und sah ihn durch das Fenster durchdringend an. »Du wirst Roberta Thornbury doch keine Schwierigkeiten machen?«

Er sah sie unschuldig an. »Habe ich irgend jemanden Schwierigkeiten gemacht?«

»Immer wenn du den barmherzigen Samariter spielen willst«, sagte sie. »Was soll das überhaupt? Sie hat dort im Haus einen alten, sterbenden Mann, der so gemein wie möglich zu ihr ist. Sie braucht dich nicht auch noch.«

»Ich führe für Monsignore McNulty einen Auftrag aus«, sagte Bohannon. »Was könnte wohl gutartiger sein?«

Sie schaute ihn skeptisch an. »Das sieht dir gar nicht ähnlich.« Sie drehte den Schlüssel, der Motor des Cherokee sprang an. Dann löste sie die Handbremse und ließ den glänzenden Wagen nach draußen in das Sonnenlicht rollen. Dort hielt sie wieder an. »Du wirst ihr keine Schwierigkeiten machen, hörst du?« Sie blickte zu der Veranda über sich. »Sie sieht kräftig aus, aber ich bin schon lange Ärztin und ich weiß, daß sie zusammenbrechen wird, wenn sie noch mehr belastet wird.«

»Belle, es ist nichts Wichtiges«, sagte Bohannon. »Ich stelle ihr nur ein paar Fragen. Es dauert nur eine Minute.«

»Denk daran«, sagte sie und fuhr rückwärts den mit Kiefernadeln übersäten Weg zur Straße zurück. Er begann, die Holzstufen zur Veranda hochzugehen, als sie ihm noch zurief: »Und paß auf, daß du dich diesmal nicht verletzt. Ich bin total ausgebucht, bis September.« Dann fuhr sie davon.

Die Frau, die an die Tür kam, sah groß und stark genug aus, um ihn verletzen zu können, wenn sie es wollte. Oder um das Grab auszuheben, wenn es das war, was sie wollte. Sie war nicht fett, aber ihre Knochen waren groß, ihre Schultern breit und sie war in Schuhen mit flachen Absätzen über zwei Meter groß. Sie hatte ein kariertes, grünes Geschirrtuch um ihre grauen Haare gebunden. An ihrer Stirn klebte Farbe, und mit einem Lappen rieb sie die Farbe von ihren großen Händen ab. Es roch stark nach Farbe. Sie schaute ihn an.

»Es tut mir leid«, sagte sie. »Müßte ich Sie kennen?«

Er erzählte ihr, wer er war. »Etwas Ungewöhnliches ist beim Seminar passiert. Ich wollte fragen, ob –«

»Monsignore McNulty war erst letzte Woche hier«, sagte sie. »Er und mein Vater sind alte Freunde. Als Gelehrte. Mein Vater ist Atheist. Sie haben lebhafte Streitgespräche. Hatten.«

»Ich bin nicht hier, um ihn zu sehen. Ich möchte mit Ihnen sprechen.«

»Das ist eine Überraschung. Ich bin gerade beim Streichen und muß damit weitermachen.« Sie öffnete die Fliegentür. »Bitte, kommen Sie herein.« Sie ging durch ein dunkles Wohnzimmer, an dessen Wänden Bücherregale standen. Zeitschriften, von denen er annahm, daß es Fachzeitschriften waren, lagen aufgestapelt auf einem Wollteppich, auf staubigen Tischen, Stühlen und einem abgewetzten Sofa. Er folgte ihr in einen Raum hinter einer freitragenden Treppe, die nach oben führte. »Ich habe meine Unterlagen und meinen Personal-Computer hierhin rausgebracht. Mein Vater muß hier unten hin, sonst wird er seine Übungen nie machen.« Sie bückte sich, um eine Schaffellrolle in einen Eimer zu tauchen, der auf dem Boden auf einer blauen Plastikplane stand. »Und ich kann ihn hier unten auch leichter füttern und mich besser um ihn kümmern. Diese Stufen! Sportler sind nicht die Einzigen, bei denen die Beine zuerst versagen.« Sie rollte wieder die Wand. »Was wollen Sie?«

»Ihr Vater ist ein Experte für die Geschichte dieser Gegend?«

Sie seufzte, legte den Roller in den Eimer, ging ins Wohnzimmer und zog Bücher aus den Regalen. Einen Arm voll. Sie brachte sie Bohannon. »Hiesige Indianerstämme, Gebräuche, Sprachen, Kunst, die ersten weißen Siedler, die Santa Barbara Mission, die in San Luis Obispo, eine Biographie über Pater Serra. Das waren einst die einzigen Forschungen darüber. Jetzt haben jüngere Männer tiefer gegraben.«

»Was ist mit der Missionsstation, die ein Fehlschlag war?« Bohannon gab ihr die Bücher zurück. »Dort oben, wo jetzt das Seminar ist. Weiß er darüber etwas?«

»Alles, was man darüber wissen kann.« Sie trug die Bücher zurück und stellte sie wieder in die Regale. »Er verbrachte Jahre damit, die alten, zerfallenen Berichte zusammenzusetzen. Er flog sogar nach Spanien, um noch mehr darüber zu finden.« Sie kam zurück, warf ihm ein trübes Lächeln zu, tauchte den Roller wieder in die Farbe ein und begann, einen anderen Teil der Wand zu streichen. »Er haßte es, daß 1950 die alten Ruinen überbaut wurden. Er liebte diese alten, zerfallenen Gemäuer, den Glockenturm.«

»Und was ist mit dem Friedhof, auf dem die Mönche beerdigt wurden?« fragte Bohannon. »Er wird jetzt nicht mehr benutzt, aber die alten Grabsteine und die Eichen sind noch da. Hat er jemals darüber gesprochen?«

Sie nickte. »Er hat dort oben alleine viele ruhige Stunden verbracht. Er liebte die Friedlichkeit, die Abgeschiedenheit von der übrigen Welt.«

»Arbeiten Sie viel im Garten, Professor?«

Die Frage überraschte sie. Sie starrte ihn an. »Ich habe«, begann sie scharf und korrigierte sich dann selbst, »ich *hatte* einen akademischen Beruf, der mich den ganzen Tag in Anspruch nahm, Mr. Bohannon. Ich habe niemals Zeit für Hobbys gehabt. Oder für die Hausarbeit. Damit war es vorbei, als meine Mutter starb – das ist schon ein paar Jahre her. Und, weiß Gott, mein Vater hat niemals auch nur einen Finger gerührt. Selbstsüchtig?« Sie lachte bitter. »Dafür müßte ein neues Wort erfunden werden.«

Ein Ruf kam von oben. »Bob, du Luder. Was hast du mit meinem Wörterbuch für mittelalterliches Latein gemacht? Wenn ich es nicht in zwei Minuten in Händen halte, pisse ich ins Bett.«

»Entschuldigen Sie bitte«, sagte Roberta Thornbury und eilte davon.

Als sie mit rotem Gesicht zurückkam, fragte Bohannon sie: »Ich überlegte gerade, ob Sie wohl vor kurzem einen Baum gepflanzt haben.«

»Ich nicht.« Ärgerlich fing sie wieder an, zu streichen und bespritzte sich dabei mit Farbe. »Aber einige Studenten brachten mir als Geschenk einen kalifornischen Pfefferbaum, als ich dieses Ferienjahr begann. Sie haben ihn für mich eingepflanzt. Sie werden ihn auf dem Rückweg sehen.«

»Ein Baum ist ein seltsames Geschenk«, sagte Bohannon.

»Sie wollten, daß ich mich an sie erinnere«, sagte sie. »Bitte gehen Sie jetzt.«

Bohannon ging durch das große Wohnzimmer zur sonnenbeschienenen Vordertür. »Ich hoffe, daß es Ihrem Vater bald besser geht.«

»Das wird es nicht«, sagte sie. »Er liegt im Sterben. Damit muß man sich abfinden.«

Der Pfefferbaum stand wirklich dort draußen. Er war noch jung, sattgrün und ungefähr 1,50 Meter hoch. Bohannon hoffte, daß er noch wachsen würde, aber es sah so aus, als ob er mehr Sonne brauchte. Das Unkraut war hier weggehackt worden, und die Erde um den Baum herum war aufgelockert. Der Baum war wirklich erst vor kurzem gepflanzt worden, aber vor wie langer Zeit genau, konnte man nur raten.

Der Schlafsack roch stockig, als er ihn aus dem Regal in seinem Schlafzimmereinbauschrank zog. An diesem Teil der Küste regnete es häufig, und um Schimmel und Stockflecken vorzubeugen, legte man in Schubladen und Schränke Holzkohle. Aber ein Stück Holzkohle konnte nur eine begrenzte Feuchtigkeitsmenge aufsaugen, und er hatte vergessen, neue Holzkohle hineinzulegen. Er schulterte den Schlafsack, trug ihn über den mit Kiefernholz verkleideten Flur in die Küche, nahm ein paar Sandwiches aus dem Kühlschrank, füllte eine Thermoskanne mit heißem Kaffee und holte aus einer Schublade eine leistungsstarke Taschenlampe. Die Winchester lag schon im Auto. Er setzte seinen Hut auf, trat hinaus in das Licht des Spätnachmittages und ging die Veranda entlang. Stubbs stand an dem weißen Rolltor und sprach mit zwei Männern, die auf Pferden saßen. Bohannon wollte zu dem Wagen gehen, der bei den Ställen stand, aber Stubbs bemerkte ihn.

»Hack? Komm her und treff den Glückspilz der Stadt.«

Bohannon legte seine Sachen in den Wagen, bewunderte den daneben stehenden Mercedes 450 SL und ging zu den Männern, um Timothy Powell die Hand zu schütteln. Er war schlank, schwarz, ungefähr zwanzig Jahre alt und lächelte freundlich. Bohannon fragte ihn: »Wie fühlen Sie sich?«

»Etwas eingeschüchtert«, sagte Powell. »Vorher hat mir nie jemand besonders viel Aufmerksamkeit geschenkt. Jetzt wollen alle meine Freunde sein. Darum reite ich auch eine Stunde aus, nur um allein zu sein.«

»Nicht ganz allein.« Bohannon blickte den anderen Mann an. Irgendetwas stimmte mit seiner Wirbelsäule nicht. Sie war verkrümmt, so daß es aussah, als wenn sein Oberkörper zu kurz geraten und die rechte Schulter ein Buckel sei. Er war in den Dreißigern. Bohannon hatte ihn schon vorher gesehen. Aber wo? Der Mann streckte seine Hand aus, die in einem dünnen Lederhandschuh steckte. Bohannon schüttelte sie.

»Dean Kirby«, sagte der Mann und lächelte. »Ich bin der Manager des Supermarktes. Wir wollen nicht, daß Tim vor der Zeremonie etwas passiert, darum ist es meine Aufgabe, auf ihn aufzupassen.«

»Diesmal nicht seine Mutter?« fragte Stubbs.

Powell lachte. »Sie behandelt mich, als wenn ich zehn Jahre alt wäre. Ich habe Glück, aber das ängstigt sie nur noch mehr.«

»Die Pferde, die Sie reiten, sind zuverlässig«, sagte Bohannon.

»Es wird schon nichts passieren. Noch einmal, herzlichen Glückwunsch. Und viel Spaß beim Reiten.«

»Danke«, sagte Powell. »Guten Abend.«

Es begann nicht wie ein guter Abend. Eine Zeitlang arbeitete er, auf einer Leiter stehend, an einer Eiche. Daß er sich dabei ständig strecken mußte, störte ihn nicht – die Arbeit in den Ställen hielt fit – aber seine Füße begannen vom Stehen auf den Leitersprossen zu schmerzen. Außerdem übersah er, wegen des schwachen Lichts, manchmal ein paar Misteln. Der Strahl der Taschenlampe verursachte zuviele Schatten. Und wenn man nicht aufpaßte und einige der verdammten Schmarotzer übersah, war die Arbeit sinnlos. Nach einer Stunde gab er es auf, stieg herunter, rollte den Schlafsack aus, setzte sich darauf und zog seine Stiefel aus. Er zündete sich eine Zigarette an, trank Kaffee und hörte den Grillen zu. Von hier aus konnte er die sanft abfallenden Hügel unter sich im Mondlicht sehen. Weit weg sah er in einem Haus am Canyon ein hell erleuchtetes Fenster – vielleicht war es sein eigenes Haus, er war sich nicht sicher. Auf der Küstenstraße entlang bewegten sich die einsamen Lichter von Fahrzeugen. Über Madrone wurde der Himmel von kleinen Neonreklamen verfärbt. Die kieferbestandenen, schwarzen Hügel von Settlers Cove hoben sich im Mondlicht scharf vom Meer ab. Der Kaffee versetzte seinen Magen in Unruhe. Er riß die Tüte auf und aß ein halbes Sandwich. Dann nahm er die Taschenlampe und überprüfte den alten Friedhof. Er wollte sichergehen, daß ein Beobachter merkte, daß jemand hier war. Zuerst überquerte er das Gebiet von einer Seite zur anderen, dann ging er immer auf und ab. Jedesmal, wenn er an dem leeren Grab vorbeikam, blieb er stehen und leuchtete in das Grab hinein. Auch die Umgebung des Grabes leuchtete er drei- oder viermal ab. Er wünschte, daß ihm das Licht irgend etwas zeigen würde, aber es zeigte ihm nichts. Er ging zu seinem Schlafsack zurück und legte sich hin.

Knackende Zweige weckten ihn. Er hatte nicht vorgehabt, zu schlafen, aber er war ja noch früh genug aufgewacht. »Wer ist da?« Er setzte sich auf, tastete mit einer tauben Hand nach der Taschenlampe und leuchtete damit in das runde Gesicht des dicken Jungen, der morgens an der Eiche gearbeitet hatte. Wenn ihn jemand den Namen des Jungen gesagt hatte, dann hatte er ihn wieder vergessen. Der Junge blinzelte in den Lichtstrahl der Taschenlampe und schluckte, aber er sprach nicht. Bohannon sprang auf die Füße. »Was willst du? Was machst du hier oben?«

Der Junge befeuchtete seine Lippen. »Ich – muß mit Ihnen reden.«

»Dann fang an«, sagt Bohannon und gestikulierte mit der Taschenlampe. Der Lichtstrahl traf auf den Lauf der Winchester, die am Stamm der Eiche lehnte.

»Ist das ein Gewehr?« fragte der fette Junge schüchtern.

»Das scheint so«, sagte Bohannon. »Wie heißt du – ich glaube nicht, daß ich dich kenne. Du bist ein Student aus dem Seminar, stimmt's?«

»Ja. Delbert May. Ich glaube, daß Sie meinen Vater kennen. Er ist einer der Pflichtverteidiger in diesem Bezirk.«

»Ja. Fred. Du bist also sein Sohn?« Wenn er darüber nachdachte, dann gab es doch eine große Ähnlichkeit. May war bei der Polizei und bei Gericht als »Fetter Freddie« bekannt, aber er war ein netter Mann und ein erstklassiger Rechtsanwalt. »Was hält er davon, daß du Priester werden willst? Er selbst ist aus der Kirche ausgetreten, ein Radikaler.«

Der Junge lächelte schwach. »Er sagt, daß, egal wie fehlgeleitet ich auch bin, ich immer sein Sohn bleibe, und daß er mich liebt.«

»Was willst du mir erzählen?« fragte Bohannon.

»Es ist nur, daß – hm –«, der fette Junge nahm einen Ast und bohrte damit ziellos in der Erde herum, »– Monsignore McNulty weiß nicht alles –« Delbert warf Bohannon einen verwirrten Blick zu, und seine Brillengläser glänzten in dem gelben Lichtschein. »– was im Seminar vor sich geht. Zwischen den Studenten. Verstehen Sie?«

»Das dachte ich mir schon«, sagte Bohannon.

»Manchmal geschehen schreckliche Dinge«, erzählte Delbert.

»Aber doch kein Mord«, sagte Bohannon. »Du meinst doch keinen Mord.«

»Aber es wird darüber gesprochen«, sagte Delbert sanft. »Ich habe sie gehört. Kelly Sangster und Scott Hughes. Kelly und ich hatten gemeinsam ein Zimmer. Am Wochenende war ich nach Hause gefahren, ich kam am Sonntagabend zurück, und da waren sie in meinem Zimmer und stritten sich. Sie schrien aber nicht, sondern sprachen ziemlich leise. Darum war ich schon fast im Zimmer, bevor ich merkte, daß sie da waren. Und ich hörte, wie Scott sagte: ›Wenn du es ihnen erzählst, bringe ich dich um, Kelly. Bevor ich mich von dir vernichten lasse, töte und begrabe ich dich.‹«

»Was bedeutet das?« fragte Bohannon.

»Ich weiß es nicht. Die beiden kannten sich kaum. Scott stürmte aus dem Zimmer. Er bemerkte mich nicht, aber ich sah ihn, und ich habe noch nie jemanden gesehen, der so wütend war. Er war weiß vor Wut. Sein Gesicht war ganz verzerrt. Er rannte den Flur entlang und die Treppe hinunter, als wäre er blind.«

»Sonntagabend«, sagte Bohannon. »Was passierte Montag?«

»Kelly brütete vor sich hin, er blieb in unserem Zimmer, aß nichts und ging nicht zum Unterricht. In der Nacht hörte ich ihn stöhnen. Ich machte die Lampe an. Er betete auf Knien. Ich sagte ›Entschuldigung‹ und machte das Licht wieder aus. Am nächsten Morgen packte er seine Sachen und verließ das Seminar.«

»Und hat er dir nicht erzählt, warum er wegging?«

»Er murmelte etwas über Schwierigkeiten zuhause. »Delbert blickte sich auf dem dunklen Friedhof um. Ist irgend jemand wegen des Grabes gekommen?«

»Glaubst du, daß Scott Hughes es für Kelly Sangster gegraben hat?«

»Das ist unwahrscheinlich, nicht wahr? Aber als Sie heute morgen über Mord sprachen, habe ich mich das auch gefragt. Darum bin ich jetzt auch hier. Wo gehen Sie hin? Sie werden es doch nicht dem Monsignore erzählen?«

»Nein, ich nicht«, sagte Bohannon. »Du wirst es ihm erzählen. Komm mit.«

»Niemand bekommt gerne Schwierigkeiten«, sagte Edwin Sangster, ein kräftiger Mann Mitte vierzig, der ein Tweedjackett und eine bequeme Wollhose trug. Er legte einen braunen Briefumschlag auf den Schreibtisch des Monsignore. Sangsters Sohn Kelly, ein dünner, sommersprossiger Junge, dem man die seelische Not aus den Augen ablesen konnte, stand neben ihm. Auf einer Ledercouch an der holzvertäfelten Wand saß Scott Hughes. Er hatte dunkle Haare, dunkle Augenbrauen und dunkle Bartstoppeln. Seine Augen sahen wütend aus. Edwin Sangster sagte: »Kein Mensch sollte einem anderen Menschen Schwierigkeiten bereiten – aber manchmal haben wir keine Wahl.«

Es war zehn nach eins in der Nacht. Bohannon lehnte am Eingang von Monsignore McNultys Büro. Delbert May stand auf der anderen Seite des Zimmers an einem Fenster. Er war leichenblaß, und sein Gesichtsausdruck war so pathetisch wie bei einem Märtyrer. Nachdem er McNulty erzählt hatte, was er vorher Bohannon berichtet hatte, rief der Monsignore bei den Sangsters in Atascadero an. Dann wurde Delbert weggeschickt, um einen Aktenordner aus dem nächsten Büro zu holen, und um Hughes herzubringen. Jetzt waren hier alle versammelt. McNulty saß hinter seinem Schreibtisch unter einem großen, hölzernen Kruzifix – es war wahrscheinlich eine indianische Schnitzerei, ungehobelt und grausam. Mit einem ernsten Gesicht, schloß der alte Mann den Aktenordner.

Kelly Sangster sagte: »Ich habe schon lange Zeit mit mir gekämpft.«

Der Monsignore legte seine Bruyèrepfeife in einen großen Messingaschenbecher, wo sie weiterglimmte, und zog aus dem Briefumschlag einen Stapel Fotokopien von Zeitungsausschnitten. Er studierte sie durch eine schwere Lesebrille. Sein weißes Haar glänzte im Schein der Lampe, und das einzige Geräusch in dem Raum war das Rascheln des Papiers. Er setzte die Brille ab und schaute den dunkelhaarigen Jungen auf der Couch ernst an. »Hast du diese Kopien gesehen?«

Hughes nickte. »Kelly hat sie mir gezeigt.«

»Und der Übeltäter in diesem schrecklichen Bericht bist du? Die Fotos scheinen wirklich dich zu zeigen.« Der alte Mann wartete, aber Hughes schaute mit zusammengekniffenem Mund weg. Der Monsignore sagte: »Wie bist du an die akademischen Zeugnisse, die in deiner Akte liegen, gekommen?«

»Ich habe sie gekauft. Von einem Studenten, der in der Verwaltung des Blair Colleges arbeitet. Ich habe meine eigene Fotografie daran befestigt.«

»Dann gibt es also irgendwo einen richtigen Scott Hughes?«

»Er starb, direkt nachdem er seinen College-Abschluß gemacht hatte. Ein Verkehrsunfall. Es nützt nichts, wenn ich es bestreite. Seine Fingerabdrücke konnte ich nicht kaufen.«

»Dann warst du es, der – « McNulty hielt die Kopien hoch, » – vor fünf Jahren dieses junge Pärchen im Dunkeln überfiel, das Mädchen vergewaltigte, den Wagen stahl und den jungen Mann so schwer verletzte, daß er sein Leben lang verkrüppelt bleibt.

Du bist –« er schielte auf die Papiere »– Earl Even Gerber?«

»Jetzt nicht mehr. Ich war damals noch ein Kind. Sechzehn. Ich war außer Kontrolle, aufgeregt, voller Emotionen, mit denen ich nicht fertig wurde. So bin ich jetzt nicht mehr, Monsignore.« Er blickte Kelly Sangster an. »Es war einfach ein verfluchtes Pech, daß er mich erkannte.«

»Manchmal sind wir selbst für unser Pech verantwortlich«, sagte McNulty. »Wenn du ehrlich hierhin gekommen wärst, unter deinem richtigen Namen, dann wäre das jetzt nicht passiert.«

Der dunkelhaarige Junge schnaubte. »Hören Sie schon auf. Die

Mönche hätten mich rausgeschmissen, ohne auch nur ein zweites Mal darüber nachzudenken. Vergewaltigung? Schwere Körperverletzung? Es hätte sie nicht gekümmert, daß ich meine Zeit abgesessen habe, daß ich gelernt und mich geändert habe. Sie hätten mir niemals geglaubt.«

»Es sind schon wundersamere Dinge geschehen«, sagte McNulty. »Du hättest es versuchen können.«

»Ich habe gelogen, weil ich dachte, daß ich es müßte«, schrie der dunkelhaarige Junge. »Ich wollte Geistlicher werden – um wiedergutzumachen, was ich getan habe. Scott Hughes hatte ausgezeichnete Referenzen. Mit seinem Namen wurde ich nicht abgewiesen. Ich brauchte eine Chance, darum verschaffte ich mir diese Chance.«

»Ja, ja.« Der alte Mann lächelte ihn matt an. »Vielleicht können wir das alles regeln.« Er schaut auf die große, langsam tickende Eichenuhr über dem Eingang. »Wir werden es sehen, wenn die Zeit dafür reif ist.«

»Vielleicht besteht noch Hoffnung, Scott«, sagte Kelly Sangster.

»Dein Verdienst ist das nicht«, fauchte der dunkelhaarige Junge. »Ich hätte dich umbringen sollen, als ich die Möglichkeit dazu hatte.« Er sprang von der Couch herunter, stieß Edwin Sangster zur Seite und umklammerte Kellys Hals. Bohannon schritt ein, indem er ihn wegzog und seine Arme auf den Rücken drehte. Der Junge schrie und kämpfte. Er war stämmig und kräftig, aber Bohannon war größer, härter und älter. Bohannon sah den Monsignore an.

»Rufen Sie den Sheriff«, sagte er. »Halte still, Earl, oder ich breche dir die Arme. So ist es besser. Tief einatmen. So ist es richtig.« Delbert May starrte mit offenem Mund und weit aufgerissenen Augen auf die Szene. Kelly hielt sich den Hals, er würgte und hatte Schwierigkeiten beim atmen. Sein Vater hatte die Arme um ihn gelegt und fragte immer wieder, ob alles in Ordnung sei. Bohannon fragte Earl Evan Gerber: »Wie lange hast du gebraucht, um das Grab ganz alleine auszuheben? Es war viel Arbeit.«

»Was? Was?« Gerber kämpfte wieder. »Lassen Sie mich los. Wovon zum Teufel sprechen Sie?«

Der Monsignore wählte eine Telefonnummer. Er zitterte.

Bohannon sagte zu Gerber: »Du hast zu Kelly gesagt, daß du ihn begraben würdest. Oben auf dem alten Mönchsfriedhof gibt es ein neues Grab.«

»Das war ich nicht«, sagte Gerber. »Ich habe es nicht gegraben. Das schwöre ich.«

Bohannon betrachtete Gerbers Hände. Die Haut war nicht aufgerissen. Es waren nicht die Hände eines Arbeiters, so daß sie Blasen hätten haben müssen. Es waren aber keine Blasen da. Bohannon würde wohl den Rest der Nacht oben auf dem Friedhof verbringen müssen.

Bohannon stieg mit dem Einkaufszettel in der Hand aus dem Lieferwagen. Leuchtende Plastikfahnen flatterten über dem Parkplatz des Einkaufszentrums, wo die Autos in strahlendem Sonnenlicht warteten. Ein Teil des Platzes, in der Nähe des Supermarktes, wurde durch hölzerne Barrikaden abgesperrt. Eine zerlegbare Plattform, die knallgrün angestrichen war, stand in der Nähe der Glastüren des Supermarktes. Ein Stahlrohrtisch stand auf der Plattform, und auf der steifen, grünen Decke, die auf dem Tisch lag, wurden glänzende, neue Waren ausgestellt: Uhren, Stereoanlagen, Fernseher, Mikrowellenherde und Toaster. Ein neues, leichtes Motorrad glänzte rot an einer Seite des Tisches, an der anderen Seite stand ein Fahrrad mit Zehngangschaltung. Vor der Plattform parkte ein glänzender, gelber, japanischer Wagen mit einer riesigen, blauen Satinschleife auf dem Dach. Ein Spruchband hing an der Vorderseite über den Türen des Supermarktes – GROSSE GEWINNAUSLOSUNG IM SOMMER-EINKAUFSWETTBEWERB. Das hatte Bohannon ganz vergessen.

Eine junge Frau und zwei junge Männer kletterten auf die Bühne. Das Mädchen und einer der Jungen hatten elektrische Gitarren, der andere, sehr kleine Junge hatte einen Fender-Baß. Sie trugen Satinkleidung, die mit blauen, grünen und roten Pailletten bestickt war. Außerdem hatten sie weiße Cowboyhüte, weiße Cowboystiefel und kleine, weiße Cowboyhalstücher an. Sie standen an den Mikrofonen, lächelten erbarmungslos und sangen Country and Western Hits. Die Zuhörer saßen vor der Plattform auf zusammenklappbaren Stahlrohrstühlen. Aber wahrscheinlich konnte man die Musik in halb Morro Bay hören, weil die Lautsprecher so laut eingestellt waren, dachte Bohannon.

Die Stühle waren alle besetzt. Schüler und Studenten in Bikinis und Surfanzügen waren dort. Junge Frauen mit Babys und Kleinkindern. Alte Leute mit Strohhüten, hauptsächlich Frauen. Es waren fast nur Weiße. Ein paar Lateinamerikaner. Ein paar Asiaten. Keine Schwarzen. Falsch. In der ersten Reihe saß eine schlanke, gut angezogene Frau. Dean Kirby, der Supermarktmanager beugte sich über sie. Es schien so, als ob sie etwas Wichtiges besprachen. Bohannon schaute sich nach Tim Powell um. Er war nirgends zu sehen. Vielleicht hielten sie ihn bis zu seinem großen Augenblick irgendwo im Laden versteckt. Wenn das so wäre, schien seine Mutter, wenn diese Frau wirklich seine Mutter war, das nicht zu mögen. Bohannon ging an den Absperrungen vorbei und zu der Frau. Der einzige freie Stuhl stand neben ihr, er setzte sich darauf.

»Der ist für meinen Sohn«, sagte sie. »Es tut mir leid.«

»Das habe ich mir schon gedacht«, sagte Bohannon. »Wo ist er?«

»Wir sind zusammen hergekommen«, sagte sie, »aber er streunt hier irgendwo herum. Mr. Kirby kann ihn nicht finden. Er ist sehr ärgerlich. Wer sind Sie?«

Bohannon erzählte es ihr. Ihr Gesicht hellte sich auf.

»Ah, er liebt es, Ihre Pferde zu reiten«, sagte sie. »Ich bin so froh darüber, daß wir dieses Haus gefunden haben in dem wir jetzt wohnen. Es ist nur eine Meile von Ihnen entfernt, wissen Sie. Den Canyon hinauf, gegenüber von dem Seminar.«

»Es ist ein neues Haus«, bemerkte Bohannon. »Die Familie, die es gebaut hat, mußte umziehen. Er war Ingenieur im Diablo-Werk und wurde versetzt.«

Sie nickte. »Es ist komfortabel und weit weg von anderen Leuten. Das wollten wir beide. Ich habe meine Doppelhaushälfte in L.A. verkauft, um es bezahlen zu können. Sie müssen wissen, daß es für einen schwarzen Jungen gefährlich ist, in der Großstadt zu leben. Wußten Sie, daß Mord die Haupttodesursache für städtische, schwarze Männer im Alter von sechzehn bis vierundzwanzig ist?«

»Das wußte ich nicht«, antwortete Bohannon.

»Und dann gibt es dort Drogen, Banden und alle möglichen anderen Gefahren. Davor wollte ich Timothy beschützen. Er ist alles, was mir geblieben ist. Verstehen Sie? Ich hatte vier wundervolle Kinder. Dann war dort ein Brand. Er war der Einzige, der gerettet werden konnte.«

»Hat er mir deswegen erzählt, daß er ein Glückspilz ist?«

»Es war vor langer Zeit«, sagte sie, »als er noch ganz klein war.«

»Nun ja, er hat schon wieder Glück gehabt«, sagte Bohannon und nickte in Richtung auf die Plattform. Genau in diesem Augenblick stiegen hinter der Plattform Luftballons auf und flogen geradewegs in den Himmel. Die Leute auf den Stühlen staunten, klatschten, lachten und schützten ihre Augen mit den Händen, um die Luftballons gegen die Sonne zu beobachten – sie waren grün und weiß. Es mußten Hunderte sein. Bohannon sagte: »Vielleicht kauft er sich jetzt ein eigenes Pferd.«

»Das könnte er«, sagte sie. »Sind sie nicht schön?« Und dann fragte sie ängstlich: »Wo kann er nur sein? Wo kann Timothy sein?«

»Er wird schon auftauchen«, antwortete Bohannon. »Er will die Übergabe der fünfzigtausend Dollar sicher nicht verpassen. Das würde niemand wollen.«

Aber er verpaßte sie. Die Band reichte die Mikrofone Dean Kirby und seinen zwei Assistenten. Alle drei trugen grüne Jacketts und weiße Baumwollhandschuhe. Sie lasen von Karten Namen ab, Leute zwängten sich durch die Stuhlreihen und kamen nach vorne, um ihre Gewinne in Empfang zu nehmen und wegzutragen. Die Menschenmenge lachte und klatschte. Die Übergabe begann mit den kleineren Preisen, dann kamen das Fahrrad, das Kreuzfahrtticket und das Motorrad. Schließlich umringte ein Großteil der Menge den gelben Wagen und den glücklichen, sonnenverbrannten, mittelalterlichen Zitronenrancher, der es gewonnen hatte. Der sehnige Mann, der einen Kammgarnanzug trug, hob die glänzenden Schlüssel hoch und klimperte damit über seinem Kopf. Dabei grinste er alle Leute um sich herum mit nikotinverfärbten Zähnen an. Dann rollte der Wagen davon, und es wurde Zeit für den Hauptgewinn. Aber als Kirby den Namen aufrief und ungeduldig auf die Menschenmenge blickte, kam Tim Powell nicht auf die Plattform. Kirby blickte Mrs. Powell mit halb zugekniffenen Augen und hochgezogenen Augenbrauen an. Es schien ihn zu verwirren, daß er Bohannon auf dem Stuhl neben ihr sah.

»Ich nehme an, daß er vor so vielen Leuten Angst hat«, lachte Kirby, und die Leute auf den Klappstühlen stimmten in sein Gelächter mit ein, flüsterten sich gegenseitig etwas zu und reckten die Hälse, um besser zu sehen zu können. Kirby sagte: »Er hat wohl Lampenfieber bekommen.« Er beugte sich nah an das Mikrofon heran. »Komm schon, Tim Powell.« Er hob den Briefumschlag und winkte damit. »Hier drin sind fünfzigtausend wunderschöne Mäuse, Tim, und sie sind alle für Sie. Wo sind Sie, Tim Powell?«

Aber schließlich mußte er den Scheck Powells Mutter geben. Sie lächelte in die Kamera des örtlichen Fernsehteams – eine krausköpfige, junge Frau mit einem Mikrofon und ein dickbäuchiger Mann mit einer Kamera auf der Schulter – aber als sie zu ihrem Platz zurückkehrte, sah sie besorgt aus. Bohannon sagte: »Wenn Sie es wünschen, werde ich Ihren Sohn suchen. Hat Kirby recht? Ist er schüchtern? Vielleicht wartet er im Wagen.«

Er wartete nicht im Wagen. Mrs. Powell sah Bohannon düster an. »Nein, er ist nicht schüchtern. Er würde niemals jemanden enttäuschen, weder den netten Mr. Kirby noch all die Leute, die ihn sehen wollen, oder das Fernsehteam.« Sie drehte sich um und schaute auf die weggehenden Leute, die weiße Schürzen tragenden Jungen, die die Klappstühle zusammenklappten, und die Autos, die davonfuhren. »Irgend etwas stimmt nicht, Mr. Bohannon. Oh, ich habe das schon befürchtet. All das Geld.« Sie stopfte den Briefumschlag fast ärgerlich in ihre Schultertasche. Sie schaute ihm ins Gesicht. »Ja, bitte, helfen Sie mir. Finden Sie ihn für mich, wenn Sie es können.« Die Autoschlüssel hielt sie in ihrer behandschuhten Rechten, aber sie bewegte sich nicht. Er nahm ihr die Schlüssel ab und öffnete höflich die Autotür für sie. Stickige Luft entwich aus dem Wagen. »Vielen Dank.« Sie setzte sich hinter das Lenkrad.

»Hier ist meine Visitenkarte«, sagte Bohannon. »Rufen Sie mich an, wenn er wieder auftaucht. Vielleicht ist er mit einem Freund nach Hause gefahren.«

»Wir haben hier noch nicht viele Freunde.« Sie schloß die Wagentür und drückte auf einen Schalter, damit sich das Fenster öffnete. »Er wird sich erst im Herbst im College einschreiben.« Sie studierte einen Augenblick lang die Visitenkarte, steckte sie in ihre Handtasche und legte die Tasche auf den Beifahrersitz. »Ich hoffe, daß ich mir umsonst Sorgen mache.« Sie versuchte, schwach zu lächeln. »Er sagt immer, daß ich mir zuviele Sorgen mache.«

»Wenn ich noch unterwegs bin, dann hinterlassen Sie bitte bei mir zu Hause eine Nachricht«, sagte Bohannon. »Und ich werde Sie auf jeden Fall anrufen, wenn ich wieder nach Hause komme. Vielleicht habe ich ihn dann schon gefunden.«

»Hoffentlich.« Sie ließ den Wagen an. »Ich werde zuerst den Scheck zur Bank bringen, dann fahre ich direkt nach Hause. Dort können Sie mich erreichen.« Sie fuhr den Wagen vorsichtig zwischen den anderen langsam fahrenden Autos vom Parkplatz des Einkaufszentrums.

Er ging durch das Einkaufszentrum und sah in allen Läden nach – im Kosmetiksalon, im Fotogeschäft, in der Doughnutbude, im Waschsalon, in der chemischen Reinigung, im Kinderbekleidungsgeschäft, im Delikatessenladen, im Lederbekleidungsgeschäft – dort blieb er extra lange, um den Geruch des Leders einzuatmen – und schließlich kam er zu der Sparkasse an der Ecke. Die Schlangen vor den Kassenschaltern waren jetzt nicht mehr lang, weil die Mittagspause vorüber war. Tim Powell war nicht da. Aber als Bohannon sich umdrehte und weggehen wollte, fiel ihm ein, daß es an diesem Ort gewesen war, wo er Kirby schon einmal vorher gesehen hatte. Natürlich hatte er ihn auch im Supermarkt gesehen. Aber erst letzte Woche war er ihm in der Sparkasse aufgefallen, als Bohannon dort gewartet hatte, um Geld auf das Konto des Reitstalls einzuzahlen. Kirby hatte mit einem Kreditsachbearbeiter gesprochen, er hatte auf den Sparkassenangestellten eingeredet und sich den Schweiß von der Stirn gewischt.

Bohannon ging durch die Gänge des Supermarktes. Es war nicht wahrscheinlich, daß Powell sich dort verstecken würde, aber er wollte trotzdem nachsehen. Bohannon fand einen jungen Angestellten, der eine grüne Schürze trug und neben einem Stapel Kartons hockte. Der Angestellte zeichnete Dosensuppen aus. Als Bohannon ihn nach Dean Kirby fragte, bekam er zur Antwort, daß Kirby schon früh nach Hause gegangen war. Der Angestellte fragte ihn, ob er mit dem stellvertretenden Manager sprechen wollte. Kirby sagte: »Nein, danke«, und ging.

Er fuhr zum Strand. Weiße Holzterrassen und Treppen führten ihn hinter Restaurants und Boutiquen, die auf die blaue Bucht hinaussahen. Ein großer Felsen erhob sich in der Bucht, und weiße Boote dümpelten dort unter leuchtenden orangen, gelben, blauen oder grünen Segeln. Er saß auf einem Barhocker an einer Bar im Freien, und mit einer Flasche Anchor Bier spülte er das mit Shrimps gefüllte Baguette hinunter. Er schaute gegen die Sonne auf die Boote. Powell war nicht zum Segeln gegangen.

Er fuhr zum Supermarkt zurück und belud einen glänzenden Einkaufswagen mit allen Artikeln, die Stubbs ihm aufgeschrieben hatte und noch ein paar anderen, die er haben wollte. Er trug die Tüten in den Wagen und fand dann ein Telefonhäuschen. Er mußte das Telefon lange klingeln lassen. Es konnte sein, daß Stubbs und Rivera gerade am anderen Ende der Ställe mit irgendwelchen Pferden beschäftigt waren. Genau wie bei Kindern, wußte man bei den Pferden nie, was sie als nächstes taten. Schließlich meldete sich Rivera keuchend. Bohannon fragte ihn: »Ist Tim Powell heute gekommen, um zu reiten? Wollte er wieder allein sein?«

»Nein«, sagte Rivera, »aber seine Mutter ist hier. Sie wartet auf dich, Hack. Sie ist sehr aufgeregt.«

Rivera hatte einen Sinn dafür, was sich gehörte. Er führte Mrs. Powell in das Wohnzimmer, obwohl es fast nie benutzt wurde. Das Wohnzimmer hatte auch einen Fußboden aus Kieferndielen, und man sah die Dachbalken an der Decke. Es gab dort einen gemauerten

Kamin, auf dessen Sims Stubbs Rodeo-Trophäen standen. Die Winchester hing über den Trophäen. Die Polstermöbel waren mit Chintz bezogen, sie paßten zu den gekräuselten Gardinen. Bohannon mochte keinen Chintz, aber seine Frau. Seit einer Entführung und Vergewaltigung war sie krank. Sie war in einem Pflegeheim. Es sah so aus, als käme sie nicht wieder zurück, aber Bohannon wollte die Chintzmöbel nicht ausrangieren. Volle Bücherregale standen an einer Wand. Ovale Fleckenteppiche lagen auf dem Boden, den Rivera regelmäßig wachste. Als Bohannon hereinkam, stand Mrs. Powell schnell auf.

»Oh, Gott sei Dank«, sagte sie zitternd. »Da sind Sie ja endlich.« Sie hatte immer noch ihre festliche Kleidung an. Aus ihrer Schultertasche zog sie einen zerknitterten Zettel, den sie ihm entgegenstreckte. »Sehen Sie. Sehen Sie, was ich unter meiner Haustür fand, als ich nach Hause kam.«

Bohannon faltete das Papier auseinander. Buchstaben, die aus Zeitungen ausgeschnitten worden waren, klebten darauf und bildeten Wörter. ICH HABE IHREN SOHN. WENN SIE IHN LEBEND WIEDERSEHEN WOLLEN, MÜSSEN SIE MIR 50000 DOLLAR ÜBERGEBEN. ICH WERDE IHNEN TELEFONISCH ANWEISUNGEN ERTEILEN. WENN SIE DIE POLIZEI INFORMIEREN, WERDE ICH IHN TÖTEN. ICH MEINE ES ERNST.

»Was soll ich tun?« fragte sie.

»Gehen Sie zum Sheriff«, antwortete Bohannon.

»Nein«, sagte sie. »Ich kann Tim nicht in Gefahr bringen. Er ist alles, was ich habe.«

»Nun gut – dann machen Sie alles, was der Mann Ihnen sagt.« Bohannon schaute auf die Uhr. »Holen Sie das Geld von der Bank, gehen Sie dann nach Hause und warten Sie auf seinen Anruf.«

Sie sah niedergeschlagen aus. »Werden Sie mir nicht helfen?«

»Ich werde es versuchen.« Bohannon faltete das Papier zusammen und steckte es in seine Hosentasche. »Rivera wird Sie begleiten. Er nimmt ein Gewehr mit und beschützt Sie. Ich muß mich beeilen. Ich habe nur bis zum Einbruch der Dunkelheit Zeit.«

»Wie meinen Sie das?« schrie sie.

Er meinte das unbenutzte Grab, aber er sagte es ihr nicht. Er nahm die Winchester aus ihrer Befestigung am Kamin und eilte nach draußen. »Rivera?« rief er. Er sagte zu Mrs. Powell: »Die Bank wird bald schließen. Kommen Sie nicht zu spät!«

»Was soll ich machen, wenn er anruft?« Sie hörte sich verzweifelt an.

»Ich werde Sie anrufen, wenn ich es weiß«, sagte Bohannon.

Er fuhr mit dem alten Lieferwagen halbrecherisch den Canyon entlang. Es klapperte und knallte. Die Straße war schmal, die Straßendecke war alt, grau, voller Löcher und an den Seiten abgefahren. In einer scharfen Kurve geriet ein quietschender Reifen auf einen dieser ausgefransten Seitenstreifen, und er wäre fast den felsigen Abhang hinuntergefahren. Er kämpfte mit dem Lenkrad, mit der Kupplung und mit den Bremsen. Der Lieferwagen drehte sich auf die andere Straßenseite, fuhr halb einen Felsen hoch, überschlug sich fast und rollte dann zurück. Er blieb dort eine Minute sitzen und versuchte, sich zu sammeln. Er kämpfte gegen die Zeit, die er wahrscheinlich gar nicht mehr hatte. Das Grab bedeutete nur eins: der Entführer hatte überhaupt nicht vor, Tim Powell am Leben zu lassen. Vielleicht bedeutete es, daß der Junge schon tot war, daß er schon so gut wie tot war, als er am Supermarkt entführt wurde. Aber es half nichts, darüber nachzugrübeln. Wenn er noch am Leben war, konnte Bohannon ihn vielleicht retten. Er mußte es versuchen. Er legte einen Gang ein und fuhr wieder die Straße entlang.

Das Haar der jungen Frau war so buschig und rot wie eine Clownsperücke. Sie hatte eine lange und traurig wirkende Nase und war mit den Blumen beschäftigt, die in einer Vase auf ihrem Schreibtisch standen. »Es tut mir leid«, sagte sie, »aber Darlehensanfragen sind vertraulich, Mr. – «, sie schielte auf seine Visitenkarte, »– Bohannon. Wer würde uns noch vertrauen, wenn wir die finanziellen Probleme unserer Kunden mit Fremden besprechen würden?«

»Es geht darum, das Leben eines jungen Mannes zu retten.«

»Warum befragen Sie mich dann? Warum nicht der Sheriff?«

Bohannon sprang aus dem weichen Sessel und lief aus der Sparkasse heraus. Er riß die Tür des Lieferwagens auf, kletterte hinein und knallte die Tür zu. Sein Kopf schmerzte. Er rieb sich den Nacken, steckte den Schlüssel in das Zündschloß, drückte auf den Anlasserknopf. Er brauchte ein Motiv. Er haßte es, zu raten. Aber er konnte sich auf seinen Instinkt verlassen. Er hatte keine andere Wahl. Der Motor sprang an. Er löste die Handbremse. Jemand rief seinen Namen. Er ließ den Wagen nicht weiter zurückrollen, sondern wartete. Eine dünne, junge, schwarze Frau, die er in der Sparkasse bemerkt hatte, lief auf ihn zu.

»Er brauchte ein Darlehn«, keuchte sie, »weil seine Frau ihn verlassen hat. Sie arbeitete. Darum hatten sie genug Geld, um die Hypotheken, die auf dem Haus liegen, abzuzahlen. Er kann es aber nicht allein. Und wir können ihm nicht helfen. Eine dritte Hypothek – das würde er nie schaffen.«

»Vielen Dank«, sagte Bohannon. »Sie haben mir sehr geholfen.«

»Diese Miss Dempsey –«, die junge Frau sah ärgerlich aus, »– spielt sich immer so auf.«

»Es gibt solche und solche Menschen«, sagte Bohannon. »Ich mag Ihre Art lieber.«

Der alte Mann und sein Sohn und der Sohn seiner Schwester waren heute nicht auf dem mexikanischen Friedhof. Trauergäste knieten in ihrer besten Kleidung an einem blumenüberladenen Grab, während der Wind an der Soutane des Priesters zerrte, der das Requiem las, und Möwen über ihnen kreisten. Bohannon schaute in seinen staubigen Außenspiegel, sah, daß die Straße leer war, und wendete den Lieferwagen. Die Kneipe, nach der er suchte, ohne sie genau zu kennen, hieß La Cantina. Der Name blätterte von dem schmutzigen, weißen Haus an der Ecke ab. Er fand einen Parkplatz und ging zu der Kneipe zurück. Mexikanische Musik empfing ihn, als er den schmierigen Vorhang in der Tür zur Seite schob. Eine Bar zog sich an einer Seite des Raumes entlang, ein paar Tische standen an der anderen Seite. Ein kurzer Flur am Ende des Raumes, führte zu einem zweiten Zimmer, in dem ein Billardtisch unter einer grünen Lampe stand.

Die Luft war von Zigarettenrauch und dem Gestank von verschüttetem Bier erfüllt. Männer, junge und alte, lehnten an der Bar, ihre Strohhüte hatten sie weit zurückgeschoben. Gelächter und Gerede übertönten die Musik, die aus einer sehr alten Musikbox kam, deren bunte Lichter schon im Verlauf der Jahre kaputtgegangen waren. Bohannon lehnte sich gegen die Bar. Er wartete darauf, daß sich seine Augen nach dem grellen Sonnenlicht draußen, an das Dämmerlicht gewöhnten. Dann bestellte er Dos Equis und bekam eine Flasche mit einem anderen Etikett und ein feuchtes Glas. Er bezahlte, füllte das Glas, trank und zündete sich eine Zigarette an. Als er mit dem Bier und der Zigarette fertig war, ging er den Raum entlang und durch den Flur, der nach Desinfektionsmitteln roch. José und Raymondo spielten nicht Billard, aber sie beobachteten, wie andere spielten: ein dickbäuchiger und ein dürrer Mann, die beide Baumwollhosen trugen.

Bohannon stand neben José, dem muskulösen Sohn des Totengräbers. José beachtete ihn nicht. Die Lage der farbigen Kugeln auf dem grünen Tisch war kompliziert. Er wollte sehen, wie der dickbäuchige

Mann das Problem lösen würde. Raymondo beobachtete das Spiel mit der gleichen Konzentration. Bohannon sagte: »Ihr habt das Grab hinter dem Seminar ausgehoben, stimmt's? Ihr hattet nur Angst, es vor eurem Vater zuzugeben. Er sollte nicht wissen, daß ihr Geld verdient und es ihm nicht gegeben hattet.«

José packte Raymondos Arm und wollte aus dem Zimmer gehen. Bohannon trat vor sie. »Ich werde es eurem Vater nicht erzählen. Wer hat euch angeheuert?«

»Wir wissen nichts davon, Senor«, sagte José. »Wir müssen jetzt gehen.«

»Bleibt noch eine Minute. Der Mann, der euch angeheuert hat, ließ euch die ganze Arbeit nicht nur zum Spaß machen. Er wird einen jungen Mann töten und ihn in dem Grab verstecken.«

Raymondos Augen weiteten sich. »Davon hat er nichts gesagt.«

»Sei still«, fuhr ihn José scharf an. »Du bist ein Dummkopf.«

»Also habt ihr das Grab ausgehoben«, sagte Bohannon.

Raymondo war blaß geworden. Er sah aus, als würde er jeden Moment in Ohnmacht fallen. »Nein, nein, Senor. Das waren wir nicht. Ja, er kam und bat uns, es zu tun, aber wir haben es abgelehnt.«

»Beschreibt mir den Mann«, sagte Bohannon.

José schob seinen Kiefer vor. »Wir können Ihnen nichts sagen.«

»Auch nicht, um einen Mord zu verhindern?« fragte Bohannon.

»Er hat uns fünfzig Dollar gegeben, damit wir ihn vergessen«, sagte Raymondo. »Und damit wir niemandem sagen, um was er uns gebeten hat.«

»Wer bist du«, schrie José ihn an, »daß dein Mund unablässig drauflosplappert? Eine Frau?«

»Es ist schon gut«, sagte Bohannon. »Ich werde es niemandem erzählen.«

Das Telefon in der Zelle neben dem Gebäude funktionierte nicht. Bohannon trottete zu seinem Lieferwagen zurück, die untergehende Sonne schien in seine Augen. Als er sich hinter das Lenkrad quetschte, schien die Sonne auf die staubige Windschutzscheibe. Er war an diesem Nachmittag schon viel und weit gefahren. Die Zeit lief ihm davon. Das Tageslicht würde bald verschwinden. Auf dem Rückweg fuhr er an Morro Bay, Madrone und dem Rodd Canyon vorbei. Er hielt an einer Highway-Tankstelle, um zu tanken und die Windschutzscheibe zu säubern. Und hier funktionierte das Telefon. Mrs. Powell meldete sich schrill.

»Hier spricht Hack Bohannon«, sagte er. »Ist der Anruf gekommen?«

»Ja. Er sagte, daß ich das Geld in eine braune Supermarkttüte stecken und die Tüte unter die zerfallene Lehmmauer legen soll, die sich an der Westseite des Friedhofs hinter dem Seminar befindet.«

»Haben Sie mit Tim gesprochen?« fragte Bohannon.

»Ich habe darum gebeten«, sagte sie, »aber er hat es mir abgeschlagen.«

Bohannon fühlte, wie ihm die Kälte den Rücken hinaufkroch. »Hat er Ihnen gesagt, wann Sie das Lösegeld dort hinbringen sollen?«

»Er sagte, daß ich es sofort machen soll«, antwortete sie, »Aber ich habe noch auf Ihren Anruf gewartet. Manuel hat es mir geraten. Vielleicht war das richtig, aber ich will Tim zurückhaben. Ich möchte ihn in meine Arme schließen.«

»Haben Sie die Stimme des Anrufers erkannt?« fragte Bohannon.

»Ich – ich glaube nicht. Nein.« Sie fragte scharf: »Warum? Hätte ich sie erkennen müssen? Wissen Sie, wer es ist, Mr. Bohannon?«

»Ein Mann, der Handschuhe trägt«, erwiderte Bohannon, »um die Blasen an seinen Händen zu verstecken. Lassen Sie mich bitte mit Manuel reden.« Rivera nahm den Hörer. Bohannon sagte: »Egal wie wütend sie wird, du darfst sie nicht das Geld wegbringen lassen.«

»Was meinst du damit?« fragte Rivera.

»Daß der Entführer derjenige ist, der das Grab ausgehoben hat«, sagte Bohannon. »Er hatte niemals vor, Tim freizulassen. Er hatte von vornherein vor, ihn zu töten.«

»*Madre de Dios*«, keuchte Rivera.

»Vielleicht hat er ihn schon umgebracht«, sagte Bohannon. »Aber sobald er das Geld hat, wird er damit nicht mehr zögern.«

»Aber warum?« fragte Rivera.

»Er hat keine andere Wahl«, erwiderte Bohannon. »Tim kennt ihn.«

Es war ein hübsches, neues Haus, das auf dem Bergkamm etwa eine Meile hinter dem Seminar stand. Man hatte von dort aus einen wundervollen Ausblick direkt auf das Meer. Die Garage befand sich auf Straßenhöhe, die Rotholztür war geschlossen und mit einem Vorhängeschloß versehen. Bohannon stieg aus dem Lieferwagen und fühlte sich nackt. Die einzige Waffe, die er besaß, war die Winchester, und die hatte Rivera. Rivera brauchte sie auch. Es konnte sein, daß der Entführer zu dem Haus der Powells ging, um das Geld zu holen. Bohannon zog eine Brechstange unter dem Sitz des Lieferwagens hervor, ging zu dem Garagentor und knackte das Vorhängeschloß. Dort stand der neue Mercedes 450 SL! Der war bestimmt zwanzigtausend Dollar wert. Der Besitzer mußte noch hier sein. Gut. Bohannon ging zu der Werkbank an der Rückseite der Garage. Darunter fand er, was er erwartete – eine Hacke, einen Spaten und eine langstielige Schaufel. Sie waren alle neu, und Erde klebte an ihnen. Und Misteln. Am Griff der Schaufel befand sich Blut. Also waren die Blasen aufgeplatzt.

Ein paar Rotholzstufen mit einem Geländer führten im Zickzack den Hang zum Haus hinauf. Bohannon ging sie hinauf, so leise er konnte. Er paßte auf, daß er mit den Absätzen seiner Stiefel keine Geräusche verursachte. Kiefern standen dichtgedrängt an den Stufen. In ihrem kühlen Schatten zitterte er. Er umklammerte die Brechstange. An den breiten Fenstern, die auf die Veranda hinaussahen, waren die Vorhänge vorgezogen. Er trat vorsichtig auf die Veranda und genoß einen Augenblick die Aussicht. Alleine die Veranda mußte ein Vermögen gekostet haben, nahm er an. Draußen auf dem Meer sah die Sonne am Horizont wie ein abgeflachter, roter Feuerball aus. Er probierte den Griff an der mit Schnitzereien verzierten Vordertür aus. Die Tür war abgeschlossen. Er ging auf Zehenspitzen eine Seitenveranda entlang, dort entdeckte er französische Türen, die nicht abgeschlossen waren. Er öffnete eine, wartete und ging vorsichtig ins Haus.

Der Raum war groß und schön eingerichtet. Er verstand nicht viel von solchen Sachen, aber er nahm an, daß der dicke Teppich, auf dem er stand, und der dunkelrot leuchtete, ein echter Orientteppich war. Auf einer Uhr aus Messing und Glas, die auf dem Sims eines großen Kamins stand, war vorne ein Schildchen angebracht, auf dem *Cartier* stand. In eine Seitenwand war ein riesiger Mitsubishi-Fernseher eingebaut. Er nahm an, daß das eine Menge kostete. Er konnte sich nicht daran erinnern, jemals die Firmennamen gehört zu haben, die auf den einzelnen Teilen der Stereoanlage standen, die aus Receiver, Kassettendeck und CD-Plattenspieler bestand. Allerdings kannte er die Namen auf den Flaschen hinter der Bar – Glenlivet, Wild Turkey,

Beefeater. Dean Kirby leistete sich nur das Beste. Selbst wenn er dafür töten mußte.

Bohannon hörte eine Stimme. Sie kam irgendwo aus dem rückwärtigen Teil des Hauses. Sie war nicht deutlich zu hören. Er konnte nicht verstehen, was gesagt wurde. Dann öffnete sich eine Tür. Und er wußte, daß die Stimme zu Kirby gehörte. Er hörte sich nervös und ärgerlich an. »Ich kann dich gleich hier töten, wenn du das willst. Dann schleppe ich dich die Stufen hinunter zum Wagen. Mir ist das egal. Wenn es dir nichts bedeutet, noch zwanzig Minuten länger zu leben, dann brauche ich nur hier auf den Abzug zu drücken. Ah. So ist es besser.« Bohannon hörte stolpernde Schritte. Außerdem hörte er ein menschliches Geräusch. Vielleicht war der Mensch, der es verursachte, Tim Powell. Bohannon sprang hinter die Bar und hockte sich dort zwischen einen kleinen, summenden Kühlschrank und Regalen voll mit Gläsern, die alle möglichen Formen und Größen hatten. Dort hing noch der Hauch eines teuren Parfüms in der Luft. Eine Erinnerung an Mrs. Dean Kirby.

Er konnte von hier aus nichts sehen, aber er hörte das Knirschen von Kirbys Schuhen und er hörte, wie der Gefangene in das Zimmer stolperte. Sie gingen an der Bar vorbei. Er stand langsam auf. Kirby wandte ihm den Rücken zu. Mit einer Hand drückte Kirby einen Revolver gegen Tim Powells Rücken, während er mit der anderen Hand die Vordertür aufschloß. Bohannon trat lautlos hinter der Bar hervor und warf die Brechstange gegen den Kamin. Sie klirrte. Kirby drehte sich mit einem Ruck um und schoß mit dem Revolver. Die schöne Uhr zerbarst. Kirby starrte darauf, als breche es ihm das Herz. Bohannon griff ihn an. Der Supermarktmanager fiel gegen die Tür zurück. Sein Kopf schlug hart dagegen. Er rutschte, mit geschlossenen Augen, die Schultern gegen die Tür gepreßt und ein Bein seltsam unter sich eingeknickt, nach unten. Der Revolver glitt aus seinen verbundenen Fingern. Bohannon hob ihn auf. Tim Powell starrte ihn an. Ein breites Klebeband verdeckte seinen Mund. Bohannon zog es ab.

»Gott sei Dank«, sagte Powell. »Der Mann ist verrückt. Er sperrte mich im Kühlraum des Supermarktes ein, während er die Gewinne verteilte. Dann brachte er mich hierher, um zu warten, bis es dunkel wird. Im Dunkeln wollte er mich dann umbringen und begraben. Wußten Sie das?«

»Ich brauchte eine Weile, um es herauszufinden«, sagte Bohannon. »Es tut mir leid. Drehen Sie sich um – ich binde Ihre Hände los. Wir werden den Sheriff anrufen. Dann werden wir Sie nach Hause zu Ihrer Mutter bringen. Sie möchte Sie in ihre Arme schließen.«

»Ich weiß wirklich nicht, warum sie sich immer so viele Sorgen macht.« Tim Powell rieb seine Handgelenke. »Ich sage ihr immer wieder, daß ich ein Glückspilz bin.«

»Ich glaube, das waren Sie diesmal wirklich«, sagte Bohannon.

Originaltitel: WITCH'S BROOM, 12/86
Übersetzt von Gabriele Kunstmann

Jeffry Scott

Rettung aus Eifersucht

Linda McCaig würde nicht gerade einen Orden zu erwarten haben. Nach fast zwei frustrierenden Wochen bei Leonard Associates hatte sie sich mit ihrem Scheitern schon abgefunden – die Leute waren einfach zu raffiniert für sie. Da nun aber Resignation gar nicht Linda McCaigs Art entsprach, rächte sie sich am Mobiliar.

Ihr einziges Ziel war nun, ein kleineres Problem zu lösen, da die Lösung des größeren ihr verwehrt geblieben war. Nach einigem Rütteln und lautlosem Fluchen gelang es Linda schließlich, die sture Schublade aus dem Schreibtisch zu bekommen. Ein Stück Papier löste sich dabei, ein Notizzettel, ganz abgeschabt an den Rändern und glänzend von dem wiederholten Hin- und Hergeschiebe zwischen Schublade und Schiene.

Linda war schlank und athletisch gebaut, die enorme Fülle ihres kastanienbraunen Haares ließ ihr Gesicht dünner wirken, als es war – das war schade, denn es war ohnehin schon zu scharf und intelligent, als daß sie wirklich schön gewesen wäre. Sie studierte den Zettel und fragte dann laut: »Wer ist Mr. Roy?«

Topsy Goggins ließ sich die Gelegenheit nicht entgehen: »Haben Sie denn das auf dem Oxford College nicht gelernt?« Miss Goggins war eine Närrin, aber das hinderte sie keineswegs daran, den Mund aufzumachen. Damit nicht genug, sie hatte bei Leonard Associates »von Anfang an« gearbeitet, verkündete diese Tatsache einmal täglich und schien anzunehmen, die Firma gehörte ihr.

Der arme kleine Mr. Pevsner witterte schon wieder neuen Ärger und riskierte einen Ablenkungsversuch: »Oxford ist eine Stadt und, wie manche sagen, eine Universität, liebe Topsy, weil es so furchtbar viele verschiedene Colleges beherbergt – aber ein Oxford College als solches...«

Keine der Frauen nahm Notiz. Mit einem süßlichen Lächeln sagte Linda: »Ein schlichtes ›Weiß ich nicht‹, hätte genügt, meine Liebe. Dürfte Ihnen auch leicht von den Lippen gehen, denn das ist ja ihr Leitspruch.«

Mit rotem Kopf japste Topsy Goggins: »Sie wollen doch immer alles wissen. Falls wir hier einen Mr. Roy benötigen sollten, werde *ich* ihn schon herzuschaffen wissen, vielen Dank.« Und sie griff nach ihrem Asthma-Inhalator.

»Seien Sie nicht albern«, entgegnete Linda träge. Sie war dazu erzogen worden, mit den Schwachen und Kranken Mitleid zu haben, aber die ältere Frau war einfach ein tyrannischer, borniertet Quälgeist. »Hier steht eine dringende Mitteilung, in Blockbuchstaben geschrieben und unterstrichen, jemand möchte Mr. Roy anrufen. Bloß, daß der Schreiber vergessen hat anzugeben, wer ihn zurückrufen soll. Wenn ich wüßte, wer Mr. Roy ist, könnte ich möglicherweise die Person herausfinden, die er sprechen wollte. Können Sie mir folgen?«

Voller Sorge duckte sich Imre Pevsner hinter das schmuddelige Bollwerk aus Büchern, das er um sich aufgebaut hatte. Sogar während sie sprach, dachte Linda darüber nach, daß sie zwar nur kurze Zeit und doch viel zu lange bei Leonard Associates war; lange genug jedenfalls, um die unangenehme Seite ihres Charakters zum Vorschein zu bringen.

Während Topsy Goggins noch vor Wut zitterte, wurde Linda das Stück Papier aus den Fingern gezogen. Len Batch machte das gern so, schlich sich hinterrücks an jemanden heran, so daß er wie aus dem Nichts mit einem breiten Grinsen auftauchen konnte. Ihr zublinzelnd, sagte er emphatisch: »Kratzt euch nicht die Augen aus, Mädels. Ihr wißt, ich bin sensibel.«

Es war schwer, sich jemanden vorzustellen, der weniger sensibel als Leonard Batch wäre. Er war ein unglaublich gesund wirkender, fast aufdringlich gut gewachsener junger Mann mit braunen Samtaugen und einer erfreulich hohen Meinung von sich selbst. Mit einem Blick auf den Zettel sagte er leichthin: »Eine Menge Theater um nichts, das Ding ist Jahre alt.« Und zu Topsy gewandt, die sich langsam so weit erholte, daß sie ein heuchlerisches Grinsen hervorzaubern konnte, fügte er als Nebenbemerkung hinzu: »Aus der Zeit, als wir noch in Draytons Garden waren, wo wir in meinem Wohnschlafzimmer arbeiten mußten, und Sie haben mich den ganzen Tag durch die Gegend gescheucht.«

Miss Goggins, dunkelrot vor Vergnügen, zwinkerte heftig mit den Augen und kicherte. Mit dem Auge, das Topsy Goggins nicht sehen konnte, blinzelte Len Batch wieder Linda zu. »Also jedenfalls ist das nicht nur verjährt, es muß irgendwie noch aus unserem allerersten Schreibtisch stammen. Es handelt sich außerdem um einen Mr. Ray, von Roy kein Rede. Sanjit Ray war damals unser Vertreter in Bombay. Mit Ihrem Grips hätten Sie das doch an der Nummer erkennen können, all diese Ziffern – ist ja schlimmer als ein Strickmuster.«

»Die Nummer ist mir gar nicht aufgefallen«, gab sie zur Freude von Topsy Goggins zu.

Len Batch rollte das Blatt zu einer Kugel und schnippte sie weg.

»Ende der Affäre. Wenn mal alle unsere Probleme so einfach zu lösen wären, eh?« Er sah auf seine Uhr. »Nun, es sieht ganz so aus, als würde Gary heute nicht mehr aus Manchester zurückkommen, wir können also für heute Schluß machen, Ladies.« Dann fing er Mr. Pevsners vorwurfsvollen Hamsterblick auf und ergänzte: »Und der Gentleman natürlich auch«, doch eine Entschuldigung ließ er unhöflich beiseite.

Topsy Goggins fackelte nie lange, wenn es heim ging, und besonders dann nicht, wenn der Chef sie dazu aufforderte. Imre Pevsner, ein Alkoholiker, hatte sich seit fünf Uhr dreißig permanent die Lippen geleckt, seit genau einer Minute. Als Linda McCaig ihre Sachen zusammenpackte, fragte Len Batch: »Wie wär's mit einem Drink auf dem Heimweg?«

»Gern«, antwortete sie unaufrichtig. »Aber ich habe eine Verabredung. Und ich kann sie nicht absagen, weil es die letzte sein soll.«

Mr. Batch dehnte seine Schultern und sagte mit glänzenden Augen: »Da kriegt ein armer Teufel das Schlußwort zu hören, nicht wahr? Ausgezeichnet. Morgen abend. Und zwar zum Essen. Ich muß ein Bestandsverzeichnis in diesem Haus machen, das wir gekauft haben. Tillingen Square. Sie könten mir helfen. Danach ein Picknick, Brote mit geräuchertem Lachs, ein Fläschchen Schampus, ich werd mich drum kümmern. Ich lade Sie ein.« Und er latschte hinaus zu seinem Jaguar.

Mit einem zynischen Grinsen dachte Linda, daß manches entschuldbar war – sogar die schuljungenhafte Blasphemie, »Champagner« zu verballhornen –, wenn jemand so dreist sein konnte. Len Batch hatte ihre Ablehnung, sich mit ihm zu verabreden, aufgenommen und anhand eines geschickten Wortschwalls in eine feste Zusage verwandelt. Obendrein hatte es sich angehört, als ob er bloß auf ihre Bemerkung eingegangen sei. Er war in gewisser Weise ein Prachtkerl und sie begann sich zu fragen, ob er nur beim Reden so gut wäre ... Jedenfalls würde sie zu dem Haus am Tillingen Square gehen, auch wenn Richard sicher nicht begeistert sein würde ...

Gary Dosteval, Len Butchs offizieller Bürovorsteher und wahrscheinlich sein Partner bei Leonard Associates, war kein Mann, den man verführen konnte. Wenn er es gewesen wäre, hätte sie nicht gerade davon geträumt, es zu versuchen. Er bereitete ihr Gänsehaut. Aber Len Batch war menschlich, vielleicht sogar zu sehr. Sein Interesse zu erwecken, war möglicherweise ein Weg, die offenbar feste Firmenregel, Sekretärinnen nur auf Zeit einzustellen und sie niemals länger als zwei Wochen zu behalten, zu durchbrechen.

Oh ja, Len Batch hatte es raus, wie man mit Worten umging.

»Anders ausgedrückt«, erklärte Linda McCaig ihrem Begleiter eine halbe Stunde später, »Batch ist ein begnadeter Lügner. Sein Münchhausen-Instinkt ist schon fast unheimlich.«

Sie saßen in der hintersten Ecke eines Weinkellers, außerhalb der Reichweite von Horchern. Detective Inspector Richard Pyne gab sich Mühe, in seiner Lederjacke wie einer von den verwegenen Kerlen auszusehen, die willens sind, in der mißlungenen Imitation eines viktorianischen Gewächshauses, das man mit einem Raumschiff mit viel Chrom gekreuzt hat, überteuerte und verwässerte Coctails zu kaufen. Sie sah ihn scharf an. »Was knarrt da, Dick?«

»Ich habe diese verfluchte Jacke von meinem Sohn geborgt, hätte erst eine Diät machen sollen. Ich bin sicher, der Reißverschluß klemmt, das ist schlimmer als ein Korsett...«

»Du wirst es überstehen. Lenny Batch ist einer dieser Neunmalklugen. Wenn er nicht angefangen hätte, das Blaue vom Himmel herabzulügen, als ich das Stück Papier gefunden und nach diesem mysteriösen Mr. Roy gefragt habe, wäre es mir nie aufgefallen. Es muß wichtig sein, warum hätte er sonst diesen Quatsch über Sanjit Ray erzählen sollen?«

Die Folter durch seine Kleidung trug nicht gerade zur Aufheiterung des Polizisten bei. »Natürlich ist es ausgeschlossen, daß du dich verlesen hast, wie Batch behauptet hat«, sagte er sarkastisch.

Sie war nicht so leicht aus der Fassung zu bringen. »Die Nachricht war in Blockbuchstaben geschrieben. Irgendeine frühere Aushilfskraft, ganz frisch aus der Sekretärinnenschule, hat sie sich per Telefon diktieren lassen, dann hat sie es blitzsauber noch mal abgetippt, und das Original wird sie verlegt haben – es war inzwischen ja Abfall. Len Batcher hat noch in dem gleichen Moment reagiert, in dem ich den Namen ausgesprochen habe. Daher bin ich mir sicher, daß der Anrufer ihn hat sprechen wollen. ›Sehr dringend!‹ klingt nach Panik... ich möchte wetten, jemand wollte unbedingt mit Batch Kontakt aufnehmen, konnte aber aus irgendeinem Grund seinen wirklichen Namen nicht hinterlassen.«

Nachdem er den Reißverschluß endlich aufbekommen hatte, nickte Inspector Pyne, aber sein Zweifel stand ihm ins Gesicht geschrieben. »Oder nicht seinen vollen Namen. Es kann ja nicht mehr als zehntausend Kerle mit dem Vornamen Roy in England geben. Hör mal, Batch und Dosteval, die Köpfe hinter diesem Vipernnest, sind sehr,

sehr vorsichtig. Dich da hineinzusetzen, war nur ein Versuch. Niemand hat erwartet, daß du in ein paar Wochen dort viel herausbekommen würdest. Was ich sagen will, ist, fang nicht an, dir was zurechtzubasteln, du hast deine Sache gut gemacht.«

»Blödsinn«, wollte sie schon erwidern, aber ehrgeizige Detective Constables müssen etwas diplomatischer mit ihren Vorgesetzten umgehen, auch wenn diese freundlich sind, sonst riskieren sie, wieder in die Uniform gesteckt zu werden. Linda McCaig war nicht nur ehrgeizig, sondern auch ziemlich neu. Schließlich sagte sie: »Bestätigung dessen, was wir schon wissen, ist nicht das, was ich mir unter gutem Vorankommen vorstelle, Sir.«

»Nenn mich nicht so«, erinnerte Pyne sie. »Bleib in deiner Rolle, wie ein guter Schauspieler.«

Linda nickte reumütig. »Es steckt mehr hinter dieser Nummern-Sache – ich sagte ja schon, Len ist einer von den Oberschlauen. Er hat mir ein Falle gestellt, um zu erfahren, ob ich die Nummer auf der ›Roy-Notiz‹ behalten hatte, und mir diesen Unsinn über Bombay erzählt. Nun, ich hatte sie schon beachtet. Die Vorwahl war für Dover, nicht Bombay ... hier ist die komplette Nummer. Ich habe sie gleich notiert, als Len Batch draußen war. Und was diesen Quatsch angeht, von wegen die Notiz sei Jahre alt: auf dem Zettel stand der zweite April dieses Jahres, er ist also erst sechs Monate alt.«

Inspector Pyne schrieb die Einzelheiten mit; insgeheim war er jetzt doch beeindruckt. »Er scheint sich ja wirklich Mühe gegeben zu haben, diese Nachricht herunterzuspielen. Aber die Nummer wird sich als die des bestbesuchten Pubs im Hafen von Dover oder die einer Telefonzelle erweisen«, prophezeite er düster.

Sie ignorierte das und fügte hinzu: »Der alte Pevsner, der Buchhalter... könnte gut ein heruntergekommener Arzt oder vielleicht Chemiker sein. Ich versuche immer, zur Mittagszeit im Büro zu bleiben, wenn die anderen essen gehen, und ich gebe das *Telegraph*-Kreuzworträtsel als Grund an. Der kleine Imre hilft mir immer bei den Fragen nach medizinischen Fachausdrücken oder Drogen...« Linda sprach nicht weiter; die Bedeutung des letzten Worts war ihr deutlich geworden.

Pyne sagte: »Nun, falls Dosteval und Batch mit Drogen zu tun haben, wäre ein folgsamer Fachmann im Hause sicher eine große Hilfe. Pevsner ist jedenfalls nicht sein wahrer Name; wir sind noch dabei, ihn zu überprüfen. Der Hinweis auf die Arzt-Apotheker-Ecke könnte uns Zeit sparen.« Als echter Biertrinker trank Pyne von seinem Wein, als ob er Hustensaft im Glas hätte. »Ich sehe schon, du hast deine Zeit genutzt. Aber ich bin froh, daß du diese Woche aufhörst – außer Pevsner und dieser Goggins haben sie noch nie jemanden länger behalten.«

Warten wir's ab, dachte sie mit verschlossener Miene. Spontan fragte sie: »Wenn wir gar nicht genau wissen, was Leonard Associates eigentlich macht, wozu dann dieser Aufwand?«

Inspektor Pyne zupfte sich am Ohr, ein unbewußtes Signal für seine Ausweichversuche. »Oh, ein Rädchen zwischen vielen Rädern«, gab er zur Antwort, »du mußt das nicht wissen.«

Okay, dachte Linda, dann mußt du auch nicht wissen, daß ich Len Batch bald in der Hand haben könnte. Pyne und Superintendent Mells, der die Operation leitete, hatten ihr, Detective Constable Linda McCaig, eingebläut, daß ihre Beobachtungsobjekte argwöhnisch waren und mit äußerster Vorsicht behandelt werden mußten. Es sei besser, Informationen nicht zu bekommen, als das Risiko auf sich zu nehmen, bei ihrer Beschaffung ertappt zu werden, hatten sie gesagt. Wenn Batch oder Dosteval auch nur den Schatten eines Verdachts zeigten, sollte sie sich sofort davonmachen.

Sie hofften dabei, daß so das Paar im Unklaren darüber belassen würde, ob sie nun ausspioniert worden waren oder nicht, und so vielleicht ein erneuter Versuch möglich blieb. Linda McCaig fürchtete, daß mehr dahintersteckte: Zumindest Dosteval würde nicht nur sehr argwöhnisch, sondern auch gefährlich werden. Zum Glück hielt sich Gary Dosteval auf Distanz zu ihr, während Len Batch... nun, er war eben Len Batch, ein Ganove, aber vor allem ein männlicher Ganove, mit dem sie umzugehen wußte.

»Na gut«, sagte Pyne und schob erleichtert sein halbvolles Weinglas zur Seite, bevor er aufstand. »Wir treffen uns wieder hier, übermorgen, um die gleiche Zeit. Nur um sicherzugehen, daß du gut da rausgekommen bist. Den ausführlichen Bericht hören wir uns dann am Morgen darauf in der Zentrale an. Gute Nacht, meine Liebe, und paß auf dich auf.«

Der folgende Tag bei Leonard Associates wurde ein Tag der gemischten Gefühle und des wechselhaften Glücks.

Gary Dosteval, elegant und mit ausdrucksloser Miene, schickte Topsy Goggins in den Papierwarenladen, ohne daß es nötig gewesen wäre, als Linda zur Arbeit kam. Dann rief er sie in sein Büro. »Im allgemeinen«, begann er ohne Umschweife, »haben wir nur Aushilfs-

Sekretärinnen beschäftigt, aber vielleicht ist es an der Zeit, daß wir ein bißchen Kontinuität in das Büro bringen. Len hält Sie ja für ungemein fleißig und so weiter. Bevor ich mich entscheide, muß ich wissen, wie es um Sie steht, Miss, äh, McCaig. Ob es Ihnen etwas ausmachen würde, mal länger zu bleiben, wenn Sie fest angestellt sind, zum Beispiel. Die Sache ist die, daß hier manchmal Anrufe aus Übersee zu Zeiten angenommen werden müssen, zu denen Len und ich nicht immer verfügbar sind. Würde es Ihnen etwas ausmachen, vielleicht zweimal die Woche bis neun oder zehn Uhr die Stellung zu halten, damit das Telefon besetzt ist? Sie hätten dafür sonst mehr freie Zeit, vier Tage in der Woche arbeiten...«

Sie tat so, als müßte sie erst überlegen. Schließlich sagte sie: »Ich glaube nicht, Mr. Dosteval. Mein Freund ist ein bißchen besitzergreifend und möchte mich jeden Abend bei sich haben, wenn er Feierabend hat. Aber während der normalen Bürozeiten hier zu arbeiten, wenn alle hier sind, das könnte ich mir vorstellen.«

Dosteval gab nach. »Ich verstehe. War auch nur ein Gedanke. Wir werden Ihnen morgen sagen, ob wir Ihnen die Stelle anbieten können. Das wäre alles, danke.«

Wie war das zustandegekommen? fragte sich Linda. Offensichtlich hatte Gary Dosteval sie auf die Probe stellen wollen, indem er ihr die ideale Gelegenheit für jeden Spion angeboten hatte, das Büro ganz regulär für sich allein zu haben. Mit Auszeichnung bestanden, befand sie selbstgefällig, während sie just in dem Moment ins Hauptbüro zurückkehrte, als Topsy Goggins von der Straße hereinplatzte, rot im Gesicht und nach Luft schnappend vor Anstrengung beim Laufen und vor der Angst, hier irgend etwas verpassen zu können.

Sie ließ die Pakete fallen und platzte heraus: »Es wird mir ein Vergnügen sein, Sie die Tür von draußen schließen zu sehen, Madam!«

Lakonisch gähnte Linda »Vielleicht, vielleicht auch nicht.« Zur Strafe fühlte sie sich danach durch und durch gemein und kleinkariert. Topsy Goggins, die ohnehin nicht attraktiv aussah, wurde innerhalb eines Augenblicks noch häßlicher und wirkte fast ausgezehrt. Sie fiel auf ihren Stuhl, ihr Kopf zuckte vor verhaltenem Zorn, und sie fing an, in blinder Wut drauflosklappernd zu tippen.

Aber es blieb nur wenig Zeit für Selbstvorwürfe. Leonard Associates mochte ja eine Deckfirma sein, aber es war eine irrsinnig geschäftige Deckfirma. Eine Agentur für Theaterkarten und Rundfahrten mit Begleitung gehörte dazu, eine Art Club, dessen Mitglieder in bestimmten Bars und Restaurants im West End Ermäßigungen bekamen, und nicht zu vergessen, die Immobilien.

Leonard Associates gehörte ein halbes Dutzend Häuser, das über Westlondon verteilt war. Sie hatten Studio-Apartments daraus gemacht, die sie kurzfristig vermieteten. In den letzten paar Tagen war Linda mehr und mehr die Behandlung der dabei entstehenden Probleme anvertraut worden – Handwerker, die von Mietern ausgesperrt wurden, Mieter, die sich selbst ausgesperrt hatten, Putzhilfen, die entweder zu schlampig oder zu beflissen waren, Wäscheverleiher, die entweder die Lieferung ganz vergaßen oder mehrmals täglich an dieselbe Adresse lieferten.

Ihre Ohren schmerzten schon von der Telefoniererei, als Linda überrascht feststellte, daß die Mittagspause bereits begonnen hatte. Len Batch war noch nicht aufgetaucht, was einigermaßen ungewöhnlich war. Er ließ sich erst nach drei Uhr nachmittags sehen; ein fleischfarbenes, wasserfestes Pflaster zierte seine Wange und lenkte die Aufmerksamkeit auf das lebhafte Blau drumherum. Topsy Goggins flatterte und gackerte unbeherrscht los, doch Mr. Batch reagierte mürrisch. »Bin in der Dusche ausgerutscht. Hör mit dem Gequassel auf und schleich dich, Tops.«

Sie gab nach, doch ihr Gesichtsausdruck stand auf Sturm. »Dank auch schön, Lennie. Ich weiß wirklich nicht, warum heute alle so nett zu mir sind.«

»Sei nicht so verdammt albern«, knurrte er, und aller weltmännische Charme war aus seinem Gesicht gewichen. »Keine Anrufe, kein gar nichts. Ich bin in meinem Büro.« Aber als er an Linda vorbeiging, lächelte er leicht.

Er knallte die Tür hinter sich zu. Topsy warf den Kopf in den Nacken und stapfte in Richtung Toilette davon. Wie ein Schuljunge, der einen Streich gespielt hat, tauchte Len Batch in dem Moment wieder auf, in dem Topsy den Raum verließ. »Gilt unsere Verabredung für heute abend noch, Lin?«

»Ich wüßte nicht, warum nicht.«

»Toll.« Er räusperte sich und flüsterte dann intrigant, um scherzhaft über seine Geheimniskrämerei hinwegzuspielen. »Hör mal, Gary ist ein echtes altes Weib und ein Puritaner dazu. Es ist nicht nötig, ihm auf die Nase zu binden, daß wir . . . nun, was auch immer. Ich werde schon vorgehen. Die Adresse ist Nummer Vier am Tillingen Square, bloß um die Ecke. Komm durch den Hintereingang, für den vorderen habe ich keinen Schlüssel.« Lüstern glotzte er sie an. »Hab ich nicht Glück?

Schampus und liebevolle Pflege, genau was mir der Arzt verschrieben hat!«

Kaum war er verschwunden, als Gary Dosteval aus seinem Zimmer kam, gekleidet in seinen Kamelhaarmantel, Schal und affektierten Gesichtsausdruck. »Ich bin in dem Haus in Shepherds Bush, Miss McCaig, um zu sehen, daß uns die Handwerker nicht mehr ausrauben als gewöhnlich. Wir sehen uns morgen früh.«

Etwa um die gleiche Zeit, vielleicht vier Meilen quer durch London entfernt, gab Mr. Chichester voller Schmerz zu: »Das wäre natürlich ein Alptraum«, bevor er in Schweigen versank.

Superintendent Mells und Inspector Pyne tauschten Blicke aus. Über Mr. Chichesters gebeugten schmalen, grauen Kopf hinweg sagte Superintendent Mells: »Wie Zähne ziehen.« Arthur Mells hatte etwas von einer Robbe. Dieselben feuchten, traurigen und klugen Augen, dazu die allgemeine Geschmeidigkeit; aber er kleidete sich wie ein Bankier und sprach wie ein Priester vor einer Jugendgruppe. Ein höllisch guter Polizist.

»Sie sagen, bei der Telefonnummer hat es geläutet«, sagte er »das Wortspiel ist nicht beabsichtigt. Als wir sie überprüft und herausgefunden haben, womit Ihr Kollege Robb sein Brot verdient... ›Mr. Roy‹, alias Rob Roy, der legendäre schottische Bandit oder Freiheitskämpfer, je nachdem von welcher Seite der Grenze man stammt, alias Francis Robb.« Er strahlte vor Freude und wartete.

»Ich bin noch nicht ganz überzeugt«, sagte Mr. Chichester brütend und sprach dabei seine Finger an, die er so eng aufeinanderpreßte, daß sie ganz weiß wurden. Mr. Chichester leitete eine kaum bekannte Abteilung der Zollbehörde Ihrer Majestät, über die auch nicht viel geredet wurde. Auf die rhetorische Frage, wer die Bewacher bewache, fand man die Antwort in Mr. Chichesters Dienstausweis.

»Ich werde unsere Karten auf den Tisch legen«, verkündete Superintendent Mells mit einem sehr leichten, meisterhaft dosierten Vorwurf in der Stimme. »Es fängt mit Mord an. ›Kaltblütig‹ ist vielleicht eine dumme Phrase, aber hier sind geschäftsmäßig Hinrichtungen vorgenommen worden, wie man sagen könnte. Und die Opfer waren größere Drogenhändler. Mitbürger, auf die wir auch verzichten können, da stimme ich zu. Wie dem auch sei, es fängt damit an, daß jemand seine geschäftlichen Probleme durch Mord beseitigt, und eher früher als später werden auch Unschuldige gefährdet. Außerdem bin ich etwas zu altmodisch oder zu stur, um mich noch zu ändern, und ich werde dafür bezahlt, das Gesetz aufrechtzuerhalten.

So weit, so gut. Oder so schlecht. Unsere Informanten sind nämlich völlig verängstigt. Aber da ist etwas im Busch, wie ich immer sage, und alles weist auf eine bestimmte Firma hin, die mit allem handelt, von Appartments bis zu Reisen. Vorsichtige Chefs: niemand arbeitet dort lange genug, um gefährlich werden zu können, und wer ständig dort arbeitet, hat Gründe, über das zu schweigen, was er erraten kann.

Schließlich und endlich hängt aber auch schon ein bißchen Fleisch an dem Knochen. Eine Firma mit normalen Aufgaben braucht zum Beispiel keinen sehr teuren Reißwolf im Keller einzuschließen. Diese Art von Hinweisen. Die Telefonnummer ist unsere erste handgreifliche Spur. Und wieder strahlte er einladend.

»Mord als Geschäft«, wiederholte Mr. Chichester und schien sich zu einem Entschluß durchzuringen. »Mein Gott, mir wird ganz übel, und ich hatte immer gedacht, das wirkliche Leben besser zu kennen als die meisten anderen.«

Er schnaubte und fuhr tonlos fort: »Francis Robb ist sechsundvierzig Jahre alt und arbeitet als Oberzollinspektor in Dover. Seine Abteilung hat den Autofährverkehr zu überwachen, meist die grüne Fahrspur für Leute, die nichts zu verzollen haben.

Robb beschäftigt mich schon seit Monaten. Nichts Bestimmtes, verstehen Sie, keine dramatischen Veränderungen in seinem Lebensstil. Aber da liegt etwas in der Luft... Und seine Frau hat ihn verlassen. Das kann natürlich eine Menge von Gründen haben, aber zufällig kenne ich die Familie und...« Seine düsteren Visionen nahmen Mr. Chichester wieder für einen Augenblick gefangen.

Dann faßte er noch einmal zusammen: »Dieser absurde Versuch, seinen Namen zu kodieren, als er Ihr, äh, Objekt angerufen hat, deutet auf Panik hin, nicht wahr? Nun, ich könnte ja mal das Datum des Anrufs erraten. Der zweite April, habe ich recht – oder kennen Sie das Datum nicht genau?«

»Doch, das kennen wir«, versetzte der Superintendent.

»Am zweiten April«, fuhr Chichester fort, »ist Francis Robb nämlich auf seinem Gartenweg ausgerutscht und hat sich ein Bein gebrochen. Seine Frau, eine gute Freundin meiner Frau, hat erzählt, daß er sich sehr merkwürdig benommen hätte, selbst für einen Mann, der unter Schock stand. Er hat sich ins Haus geschleppt, die Terrassentür vor ihrer Nase verriegelt, einen Telefonanruf gemacht und fast eine Stunde lang gewartet, bis er zurückgerufen wurde. Dann erst hat er die Tür geöffnet und seiner Frau gestattet, sich um ihn zu kümmern und den Krankenwagen zu rufen.«

Inspector Pyne riet: »Er war auf dem Weg zur Arbeit, als es passiert ist, nicht auf dem Weg nach Hause.«

»Genau«, stimmte Mr. Chichester zu. »Er gab sich verzweifelte Mühe, jemanden zu warnen, wie wir es jetzt sehen, daß er nicht auf seinem üblichen Posten sein würde, dem Durchgang für die, die nichts zu deklarieren haben, um die Fährpassagiere aus Frankreich abzufertigen.«

»Perfekt«, sagte Pyne angeekelt. »Der Kurier kommt von der Fähre, vollgestopft mit Rauschgift, reiht sich in die Schlange am grünen Schalter ein, der Zollbeamte Robb winkt ihn raus und tut so, als würde er sein Gepäck durchsuchen. Bei dem Stichprobensystem am grünen Schalter ist damit sichergestellt, daß kein anderer Typ vom Zoll den Kurier aufhält.«

»Unser Alptraum ist wahr geworden«, wiederholte Chichester stumpf. »Sie haben mich in der Hand. Am liebsten würde ich sofort nach Dover fahren, ihn suspendieren und das interne Disziplinarverfahren anleiern, bevor ich den Fall an die Polizei von Kent weiterleite. Aber Sie werden ohne Zweifel eine weniger, äh, direkte Methode vorziehen – Beschattung rund um die Uhr, um hinter Robbs Zeitplan zu kommen, dann dem Kurier folgen, um die Hintermänner bei der Entgegennahme der Ware festnehmen zu können, zum Beispiel?«

»Etwas in der Art«, stimmte Mell trocken zu. »Entschuldigen Sie uns für eine Minute«, und er schleppte Inspector Pyne regelrecht auf den Korridor. Das Neonlicht dort ließ sein Gesicht sehr besorgt und alt aussehen.

»Robb erweist sich als entscheidend für Batch und Dosteval, Dick. Wenn die beiden auch nur andeutungsweise vermuten, Detective Constable McCaig könnte dahinter kommen, daß sie ...«

Pyne beruhigte ihn. »Sie wird nicht die Nerven verlieren, die kleine Linda. Zum Glück war Dosteval nicht in der Nähe, als sie auf diese Notiz mit der Telefonnummer stieß. Len Batch hält sich für Gottes Gnadengabe an die Frauenwelt und hat ihr sicher abgenommen, daß sie die Telefonnummer nicht bemerkt hat.«

Mells hörte kaum zu. »Ich will, daß Detective Constable McCaig sofort da herauskommt. Fahren Sie zu ihr und helfen Sie ihr packen, sie soll direkt nach Hause zurückkehren. Bringen Sie ihr bei, daß sie nicht mehr in die Nähe von Leonard Associates kommen darf. Morgen soll sie dort anrufen, Krankheit oder einen Todesfall in der Familie vorschützen und sagen, daß sie nicht wiederkommen wird.«

Inspector Pynes Gesichtsausdruck war ein einziger Protest, aber sein Ton blieb gemäßigt. »Batch glaubt, er habe die Sache erledigt. Wenn Linda jetzt geht, wird er noch einmal darüber nachdenken und gerade dann besonders vorsichtig werden, wenn wir ihn vertrauensselig brauchen, Sir.«

Superintendent Mells brauste auf. »Wir leben im Zeitalter der Gleichberechtigung, Dick. Tote Männer reden nicht – darum haben wir angefangen, bei Batch und seinem Kumpan herumzuschnüffeln, wie Sie sich wohl erinnern. Und genau das gleiche gilt für Frauen. Warum sind Sie immer noch hier, Inspector?«

Unzufrieden grummelte Pyne vor sich hin, während er durch Chelsea fuhr. Linda McCaig teilte dort ein Appartment mit zwei anderen Sekretärinnen. Das gehörte zu ihrer Tarnung für Leonard Associates. Knapp eine Woche, bevor sie ihren Job dort angetreten hatte, war sie dort eingezogen.

Zwei Mädchen waren zuhause, als Pyne dort ankam. Linda McCaig war nicht dabei. »Ich bin ihr Bruder, sie erwartet mich«, erzählte er ihnen und wurde hereingebeten. Bis Viertel vor acht hatte jedes Mädchen mehrmals gesagt, daß sie das nicht verstehen könne, wo Linda so ein häuslicher Typ sei, abends niemals ausgehe und spätestens um Punkt sieben zuhause sei. Danach könne man die Uhr stellen.

Er nickte und zwang sich, zu lächeln. Er hätte ihnen das auch selber sagen können. Linda McCaig mußte hier sein, wenn sie nicht im Büro war. Irgendwo schlug eine Uhr achtmal. Die Wohnung war überheizt wie nur was, aber Inspector Richard Pyne fing langsam an zu frösteln.

Tillingen Square ist um einen eisenumzäunten Park herumgebaut. Vielleicht hatten die Nachbarn alle ihre Schlüssel zum Tor verloren, denn nie ist jemand gesehen worden, der dort gesessen oder gelegen hätte. Die Gegend ist nicht gerade freundlich, aber auf abstoßende Art respektabel: die Häuser sind solide, aber heruntergekommen und sehen abweisend aus.

Das Schicksal liebt die unglaubwürdigen Zufälle. In dem Moment, als Superintendent Mells feststellte, daß tote Frauen nicht mehr reden, eilte Linda McCaig auf den Tillingen Square zu. Nachdem Len Batch und Gary Dosteval sich davongemacht hatten, führten der kleine Pevsner und Topsy Goggins wieder ihr berühmtes Die-Rattenverlassen-das-Schiff-Stück auf. Imre Pevsner schmatzte ohne Rücksicht mit den Lippen und hüpfte dann davon, wobei er fast von einem Bus überfahren worden wäre, als er auf den ›Duke of Buccleugh‹-Pub auf der anderen Straßenseite zustrebte. Miss Goggins war da etwas zurückhaltender und verschwand einfach via Damentoilette durch die Hintertür, als Dosteval die vordere noch nicht hinter sich geschlossen hatte.

Also mußte Linda alles abschließen und die Lichter ausschalten. Sie war deshalb erst zehn Minuten später fertig, als sie erwartet hatte, Halt, das mußte das Haus sein. Ein Baugerüst blockierte die Eingangstür – aber das machte nichts, da Len Batch ihr ohnehin gesagt hatte, sie solle die Hintertür benutzen. Sie mußte durch eine kleine Gasse neben dem Haus gehen. Dumpf roch es dort, und sie mußte sich so vorsichtig wie eine alte Frau bewegen, weil das Pflaster aus viktorianischer Zeit mit Schlamm und nassen Blättern überschwemmt war.

Kurz verfiel Linda auf den Gedanken, daß Batch sie vielleicht bloß verkohlt hatte. Aber als sie um die Ecke bog, nahm sie einen schwachen Lichtschimmer wahr, der durch die Milchglasscheiben nach außen drang und gerade hell genug war, daß sie die Tür neben dem Fenster gleich fand. Sie war angelehnt.

Sie ging hinein und fand sich in einem Raum wieder, der einmal ein Wintergarten gewesen sein mochte. Zerbrochene Möbel hier und da, und in dem großen, düsteren Zimmer hing der Geruch von Schimmel. Linda überlegte, wie sie von Anfang an den richtigen Ton finden könnte: Len Batch ins gelobte Land zu locken, mit ihm so lange wie möglich zu flirten, wie er das erwarten würde, und dann –

In ihrem Kopf explodierte etwas.

»Len konnte nicht kommen«, sagte Gary Dosteval, aber da hatte er sie schon niedergeschlagen, und die dumme Bemerkung, an ein besinnungsloses Opfer gerichtet, hörte nur er selber.

Linda McCaig kam mühsam wieder zu Bewußtsein und fand sich sehr dicht am Boden wieder, zwischen spärlichen Einrichtungsgegenständen wie Blumenkübeln und einem wie betrunken mit Schlagseite dastehenden Flügel, die sich drohend vor ihr aufzutürmen schienen. Sie lag auf einer Teppichrolle, einer ekelhaft klammen Teppichrolle, der Quelle des Schimmelgeruchs.

Sie fühlte sich schrecklich. Obwohl vergleichsweise nebensächlich, war ein weiteres Problem, daß ihr Rock bis auf die Schenkel hochgerutscht war. Benommen wollte sie ihn herunterziehen... aber sie tat nichts dergleichen; sich zu bewegen, war einfach noch nicht drin.

Jesus! Nimm dich zusammen, bleib still liegen und versuche herauszufinden, was eigentlich passiert ist ... Ein Aufprall, das war's. Ein Schlag. Sie war irgendwo gegengelaufen oder hatte das Gleichgewicht verloren –

»Das Telefonbuch«, erklärte ihr Gary Dosteval. Er hielt das Ding hoch. Die Deckblätter waren vergilbt; es gehörte offenbar zum Gerümpel dieses Hauses und stammte aus den Zeiten, da Londons Telefonzentralen noch traute Namen wie GULiver und PERivale und TRAfalgar anstelle seelenloser Ziffern hatten. Linda McCaig schnappte nach Luft, Dosteval hockte sich hin und wedelte mit dem Buch. »Jemandem hiermit eins überzuziehen, das ist so gut wie mit dem Knüppel. Eine beachtliche Menge Haare haben Sie auf dem Kopf. Da wächst keine Beule durch.«

Linda bedeckte ihre Lippen und sagte langsam, ohne die rauhe Stimme zu beachten, die sie hörte: »Sie müssen mir den Hals gebrochen haben oder sowas. Ich bin gelähmt.«

»Nein«, widersprach ihr Dostevla voll ruhiger Zufriedenheit, »das kommt von der Injektion, die ich Ihnen gegeben habe. Der alte Pevsner ist ja sonst nicht gerade die reine Freude, aber mit Betäubungsmitteln kennt er sich aus. Dieses Zeug, von dem Sie sich ganz dumm fühlen, wird sonst von Tierärzten benutzt. Wahrscheinlich wird der Pathologe gar nichts davon finden, falls überhaupt genug für eine ernsthafte Obduktion von Ihnen übrig bleibt.«

Er sagte das so hin, ohne eine Spur von Schadenfreude, daß Linda alle Bemühungen, den Schein zu wahren, aufgab und in einem Zug sagte: »Hören Sie, ich bin Polizistin.«

Gary Dosteval, höchstens leicht überrascht, sagte: »Ja, sicher sind Sie das. Darum muß ich Sie ja auch loswerden.« Er sah auf seine Uhr. »Als Len mir erzählt hat, daß Sie diese Mr. Roy-Nachricht ausgegraben haben ...« Seine Schultern hoben sich bedauernd, dann gewann er wieder die Kontrolle über sich und fuhr fort: »Ich habe ihn an die Wand gedroschen, weil er Sie hat gehen lassen. Aber jetzt bin ich am Ball, wie Sie bemerken werden. Es gab eine gute Chance, daß Sie Lens Märchen geschluckt hatten. Len Batch ist zwar ein Idiot, aber er kann sich ja nicht jedesmal irren. Aber falls Sie doch bemerkt haben, daß die Sache wichtig war, haben Sie vielleicht Ihren Chefs noch keine Meldung machen können. So oder so, ich schaffe Sie uns vom Hals, meine Liebe. Was auch geschieht, Sie kosten mich ein Vermögen, weil wir die Doverroute nicht mehr benutzen können, bis absolut sicher ist, daß Zoll und Polizei nichts davon ahnen.«

»Ich weiß nicht, wovon Sie reden!« Ihre Aufrichtigkeit – o Gott, jetzt wurden ihre Lippen schon taub – war unverkennbar oder bildete sie sich das bloß ein?

Dosteval gluckste stoßweise. »Sehr gut. Die Szene wäre einen Oskar wert.«

»Wenn Sie aber wissen, daß ich von der Polizei bin, ist es doch verrückt...« Linda McCaig konnte den Satz nicht mehr beenden.

Philosophisch zuckte er mit den Achseln. »Na ja, man wird mich verdächtigen. Das ist nur natürlich. Aber beweisen... Dies Haus hier ist eine rechte Brandfalle. Sie sind abends hierhergekommen, vielleicht hatten Sie etwas vergessen und sind noch einmal zurück. Das Feuer brach aus – ich muß mich langsam auf den Weg machen, um mein Alibi zurechtzuzimmern – und Sie wurden ein Opfer des Rauchs. An Ihnen wird man keine Anzeichen von Gewaltanwendung feststellen, sofern überhaupt etwas von Ihnen übrig bleibt, wie schon angedeutet.«

Gary Dosteval erhob sich aus der Hocke und wischte mit einer erschreckend endgültigen Geste den Staub von seinen Händen. »Und die Moral von der Geschicht: steckt eure verdammten Bullennasen nicht dahin, wo es nicht erwünscht ist. Oder, um für mich zu sprechen: ich habe herausgefunden, daß Leute, die sich um ihre eigenen Angelegenheiten kümmern, wesentlich länger leben.«

Schweißgebadet und voller Ekel mußte Linda McCaig feststellen, daß sie sich auch weiterhin nicht bewegen konnte. Still, aber heftig weinend versuchte sie, mit dem Tod ins Reine zu kommen. In einem Winkel ihres dunkler werdenden schwindenden Bewußtseins flehte sie, daß Len Batch kein Mörder sein möge und daß Dosteval ihn überlistet hatte. Len würde gleich kommen und sie finden und...

Ach was, Len würde keinen Finger rühren, um sie zu retten, nicht, wenn es um Geld ging. Sonst hätte er seinem Partner nichts von ihrer Verabredung erzählt, mit der er Dosteval ja den perfekten Hinterhalt geboten hatte.

Linda war so vertieft in den Widerstreit, der sich in ihrem Kopf abspielte, daß der Strahl der Taschenlampe, der bereits im ganzen Raum herumgewandert und geschwenkt worden war, schon ihre Füße beleuchtete, bevor sie ihn bemerkte. Ihre Ohren täuschten sie, dieser Lärm da hörte sich nicht menschlich an, klang schon gar nicht englisch... aber dumpf erkannte sie Topsy Goggins wieder.

Miss Goggins sprudelte los: »Wo ist er? Du kannst ihn nicht

verstecken!« Sie beugte sich über Linda. »Verdammte Hure, bedeck dich gefälligst!«

»Hilfe«, formte Lindas Mund.

»Schlimmer als Tiere! Kriechen hier herein, um es auf dem Boden zu treiben... *wo ist er?*« Sie machte sich erneut auf die Suche. Sie hatte offenbar das Haus beobachtet und gesehen, daß Gary Dosteval hineingegangen war, aber sie begriff nicht – denn besonders helle war sie wirklich nicht –, daß Dosteval es in seiner üblichen, verstohlenen Art auf einem anderen Weg wieder verlassen haben mußte.

Linda investierte alles, was sie noch an Willenskraft und physischer Energie aufbringen konnte, in ein letztes, keuchendes Jaulen, das wie von einer Katze klang. Topsy Goggins kam noch einmal zurück, starrte sie mit offenem Mund an und hockte sich auf ein Knie. »Was habt ihr zwei hier... Was hat er mit dir gemacht?«

Hinter den Frauen gab es einen außergewöhnlichen Knall. Außergewöhnlich deshalb, weil er ebensogut zu spüren wie zu hören war, ein gewaltiger, von Hitze begleiteter Stoß. Die Wände wurden mit einem Schlag sichtbar und glühten hellrot-orange auf. Detective Constable McCaig brauchte nicht erst »Feuer« zu röcheln. Ihr letzter Eindruck war, daß Topsy Goggins sie erwürgte.

»Sie hat Sie in Sicherheit geschleppt«, erklärte ihr Superintendent Mells. »Dabei hätte sie Ihnen fast den Kopf abgerissen, und zwar nicht zufällig, würde ich sagen, aber da müssen Sie sie selber fragen.« Er strahlte Linda McCaig an. Das Bett in dem Privatzimmer im St.-Asaph-Krankenhaus war nicht besonders groß, aber sie war so blaß und matt, daß sie darin ganz klein wirkte.

Mells, überaus wohlwollend und für seine Verhältnisse überschwenglich, nickte ein paarmal. »Das ist ja noch mal erstaunlich gutgegangen, wenn man bedenkt, wie dickköpfig und ungehorsam Sie waren. Wir hatten Ihnen gesagt, Sie sollten nicht auf eigene Faust losziehen, uns immer auf dem laufenden halten... Andererseits, es hat geklappt.«

In der Tür lehnte Inspektor Pyne und sagte mit sanftem Nachdruck: »Wenn du so etwas noch einmal machst...!«

Superintendent Mells schnalzte mit der Zunge, um ihn in die Schranken zu weisen. »Laß gut sein, Dick.« Und zu Linda gewandt sagte er: »Durchsuchungsbefehle sind bei Mordversuch viel leichter zu bekommen als für kaum begründbare Vermutungen über Drogenschmuggel.

Als Sie aus den Flammen gerettet wurden, saß Leonard Batch gerade in der Jury eines Schönheitswettbewerbes im Dorchester, vor den Augen von dreihundert Leuten. Und Gary Dosteval spielte Squash in einem Club. Einwandfreie Alibis. Als Dosteval in seine Wohnung zurückkehrte, waren wir schon da, hatten alle Dielenbretter hochgestemmt und das Kokain und Heroin bereits weggeschafft.«

Richard Pyne bestätigte das. »Das ganze große Kartenhaus wackelt. Dosteval sagt bis jetzt noch kein Wort, aber Len Batch ist schon schlapp und sehr bemüht, uns entgegenzukommen. Pevsner, oder wie auch immer er wirklich heißt, hat sich als illegaler Einwanderer entpuppt, der keinesfalls hinter den Eisernen Vorhang zurück will, und weil er gerne einen trinkt, sagt er aus, als wäre sein Leben in Gefahr. Das gleiche gilt für diesen Zollkbeamten aus Dover. Er weiß, daß er keine Chance hat und genausogut alles ausspucken kann.«

»Und wo bleibe ich bei dem Ganzen?« flüsterte Linda McCaig, halb im Traum. »Warum ist plötzlich Topsy aufgetaucht wie die U.S.-Kavallerie? Mehr möchte ich eigentlich gar nicht wissen.«

Mell sah auf seine Armbanduhr. »Sie sollten sich nicht überanstrengen. Wir haben genaue Anweisungen bekommen. Wir dürfen nicht zu lange hierbleiben, und ganz im Gegensatz zu gewissen anderen Leuten halten wir uns an solche Regeln.« Aber dann ließ er sich erweichen.

»Topsy Goggins hat eigentlich einen anderen Namen, das scheint bei Leonard Associates zu den Einstellungsbedingungen zu gehören. Sie werden es nicht glauben, aber Topsys Vater hat es zu einem gewissen Wohlstand gebracht. Er hat als Schrotthändler sein Geld verdient. Verzweifelt hat er versucht, seine Tochter unter die Haube zu bringen. Als dann ein cleverer Bursche vorbeikam, der die Angelegenheit für ein Bündel Banknoten erledigen wollte, hat Herbie Goggins die Gelegenheit genutzt. Aber es gab ein paar Bedingungen. Topsy ist eine sehr besitzergreifende Frau, leicht eifersüchtig, und sie brachte ihren Daddy dazu, auf gewissen Rechten für sie zu bestehen. Etwa dem, ein Auge auf ihren Ehemann haben zu dürfen. Darum hatte sie für Sie auch nicht so besonders viel übrig, meine Liebe, einfach aus Eifersucht.«

Amüsiert flüsterte Linda: »Len Batch ist ihr Mann?«

»Sie regte sich natürlich furchtbar auf, als ihr Mann mit Ihnen flirtete«, erklärte Superintendent Mell. Irgend etwas schien ihn zu amüsieren. »Natürlich ist das ein in kleineren Firmen übliches Verfahren, nicht nur in Scheinfirmen. Das kann nützlich sein, weil die Leute einem Lohnabhängigen gegenüber sicher offener sind als zur Frau des Chefs.«

Irgend etwas paßte da nicht zusammen. Linda McCaig schaffte es, sich aufzusetzen, obwohl sich in ihrem Kopf immer noch alles drehte. »Moment mal, Len ist niemals in das Haus gekommen, er hat mich versetzt. Statt dessen war Dosteval da. Warum hat Topsy also...«

Mells sagte: »Sie hat angenommen, Sie hätten eine besondere Ausstrahlung. Wenn Batch bei Ihnen landen konnte, dachte Topsy, könnten andere ihm auf dem Fuße folgen. Das erschien ihrem wirren Kopf plausibel, und wie es so oft bei Leuten vorkommt, die im Oberstübchen etwas bescheiden ausgestattet sind, hat sie aus den falschen Gründen doch das richtige gefolgert.

Sie hat das Haus am Tillingen Square beobachtet und sah Gary Dosteval hineingehen, gefolgt von Ihrer werten Person, und offensichtlich kam keiner von Ihnen beiden wieder heraus. Das war für sie, was das rote Tuch für den Stier ist.«

Richard Pyne lächelte grimmig und erläuterte: »Kannst du dir vorstellen, so ein Oberschöner wie Len Batch würde unsere Topsy heiraten, und wäre es auch für ein Bündel Banknoten? Topsy Goggins hatte nicht die Absicht, dich zu retten – sie konnte aber auch nicht ahnen, daß Mord im Spiel war. Sie wollte ihren Ehemann vor dir retten. Dank deinem Schutzengel, daß Topsy Mrs. Gary Dosteval ist.«

»Und«, setzte Mells scheinheilig hinzu, »Dank sei dem Herrn für diese altmodische Eifersucht.«

Originaltitel: THE GREEN-EYED SAVIOR, 12/86
Übersetzt von Achim Seiffarth

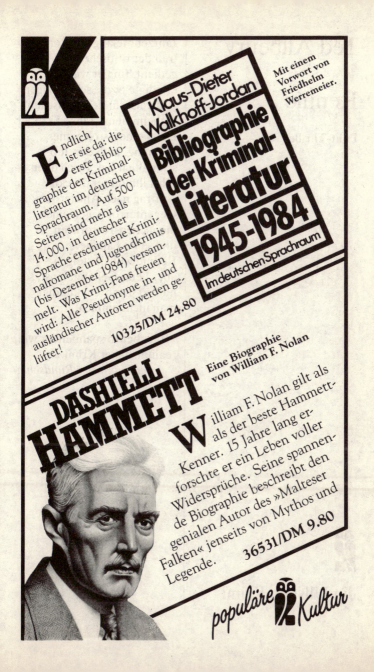

Ted Allbeury

Rennie

Polit-Thriller

Jahrzehntelang hat Rennie treu der britischen Krone gedient. Immer wieder erledigte er die schmutzigen Aufträge für den britischen Geheimdienst. Ohne Skrupel. Denn einer, so Rennies Meinung, muß den Job schließlich tun. Doch dann führt ihn dieser dreckige Auftrag nach Amsterdam: Gegenterror gegen einen möglichen Terroristen und seine Familie.
Rennie will aussteigen – aber beim Geheimdienst, so muß er erfahren, kündigt man nicht einfach.

»Ein ebenso spannender wie realitätsnaher Krimi.«
Frankfurter Rundschau

ein Ullstein Krimi

Ted Allbeury

Kinder der Geborgenheit

Polit-Thriller

Die Bundesrepublik Deutschland in den siebziger Jahren: Unbekannte Täter schänden Synagogen und beschmieren jüdische Grabdenkmäler. Wer aber steckt hinter den neofaschistischen Umtrieben? Das russische KGB, argwöhnt der britische Secret Service und schickt seinen besten Mann nach Köln: Jacob Malik, der als Kind Auschwitz überlebt hat.
Für Malik wird die Deutschlandfahrt zum Alptraum. Zumal er rasch herausfindet, wer tatsächlich hinter dem neuen Antisemitismus steckt. Und was.

ein Ullstein Krimi

Ullstein Krimis

»Bestechen durch ihre Vielfalt«
(Westfälische Rundschau)

Anthony Price
Umwege zum Ruhm (10413)

Dorothy Dunnett
Dolly und der Lockvogel (10414)

David Wiltse
Der Hochzeitsgast (10415)

G. F. Newman
Verdammter Bastard (10416)

Hitchcocks Kriminalmagazin,
Band 190 (10417)

Tucker Coe
Auf totem Gleis (10418)

Anthony Price
Geister von morgen (10419)

Liza Cody
Schlechte Gesellschaft (10420)

Charles McCarry
Codewort Liebe (10421)

David Wiltse
Die Giftschlange (10422)

Hitchcocks Kriminalmagazin,
Band 191 (10423)

Tucker Coe
Das hab ich nicht gewollt (10424)

Anthony Price
Aufmarsch der Esel (10425)

Dorothy Dunnett
Dolly und der Todesvogel (10426)

Dan Sherman
Operation Octopus (10427)

Charlotte Jay
Bis auf die Knochen (10428)

Hitchcocks Kriminalmagazin,
Band 192 (10429)

James H. Chase
An einem Freitag um halb zwölf...
(10430)

Anthony Price
Kein Platz für Krieger (10431)

Liza Cody
Jäger-Latein (10432)

David Wiltse
Der fünfte Engel (10433)

James Melville
Das neunte Netsuke (10434)

Hitchcocks Kriminalmagazin,
Band 193 (10435)

Tucker Coe
Der Wachsapfel (10436)

Shannon OCork
Sportsnarr (10438)

Ted Allbeury
Ein nützlicher Deutscher (10439)

James Melville
Sayonara für eine Sängerin (10440)

L. A. Morse
Ein fetter Brocken (10441)

Hitchcocks Kriminalmagazin,
Band 194 (10442)

Tucker Coe
Keine Schonzeit für Widder (10443)

ein Ullstein Buch